KB234721

황보람의 저니

일러두기

이 책의 판형은 125*188mm이다.

표지와 내지의 재질은 각각 CCP250g/m^2, 미색모조100g/m^{2}이다.

표지는 먹과 별색(PANTONE 233C)의 2도, 내지는 1도로, 오프셋 방식으로 인쇄했다.

표지는 유광코팅했으며, 무선 제본으로 제작했다.

서체는 주로 **아르바나**가 쓰였다. 이 밖에 Sandoll 그레타산스 등도 적재적소에 쓰였다.

우리의 자리
황보람의 저니: 영원한 퇴사

2023년 10월 16일 초판 1쇄 발행

지은이: 황보람
기획총괄: 지다율
편집: 지다율, 김윤우
표지 및 내지 디자인: 기경란
발행처: 출판공동체 편않
등록일: 2022년 7월 27일
홈페이지: editorsdontedit.com
이메일: editors.dont.edit@gmail.com
인쇄: 제일프린팅
ISBN 979-11-979810-6-7 (03070)

- 표준어 규정을 대체로 따랐으나, 일부 안 따른 것도 있다.
- 책 제목과 신문·잡지 등의 매체명은 겹낫표(『 』)로, 논문과 기사, 시 제목 등
  은 홑낫표(「 」)로, 영화·프로그램 제목, 시리즈명, 곡명, 법명 등은 홑화살괄
  호(〈 〉)로, 앨범명, 전시명은 겹화살괄호(《 》)로 묶었다.
- 글에 등장하는 『저니』는 이 책을 가리키기도, 황보람의 여정을 가리키기도
  한다.

차례

프롤로그_경로 이탈

읽지 않은 책에 대해 말하는 법

아마 이 책을 구입한 사람 중 1/37 정도는 프롤로그를 대충 훑어볼 것이다. 35/37는 겉표지에만 시선이 머무를 테고, 나머지 1/37은 자의 반 타의 반 정독할 운명이다. 책 출간 이후 피치 못하게 나를 대면할 분들을 위해 프롤로그 몇 장만 읽어도 '읽지 않은 책에 대해 말하'게 해 드리고 싶다. 우선 책의 요약본이라 할 만한 시놉시스를 첨부한다.

모르는 걸 모르는지도 모르고 살았다. 열여섯 살까지는 '감사'의 뜻을 몰랐다. '행복'이 뭔지 아는 데에도 36년이 걸렸다. 매일

아침 눈을 뜨자마자 엄마의 존재를 확인하는 아이의 눈빛, 찡긋 안도하는 미소 속에서 행복의 기원을 본다. 정말 몰랐다. 나에게 '엄마'란 인생의 모든 뜻풀이를 가로막는 장애물이었는데. 행복을 획득하고 나니 둥둥. 부유한다. 날아오른다. 깔깔거린다. 엉엉 운다. 행복 선언이자 행복 해방이다. 더 이상 행복을 추구할 필요가 없다. 소속도 목적도 없는 먼지처럼. 이물감이 느껴지는 모든 관계로부터 영원한 퇴사를 할 수 있을 것 같다.

이렇게 된 것은 이렇게 될 수밖에 없었던 것이다
— 심보선, 「슬픔이 없는 십오 초」(『슬픔이 없는 십오 초』,
문학과지성사, 2008, 20쪽)

'실패'라는 글씨가 어른거리는 길. 알면서도 갈 수밖에. 처참해서 엉엉, 이제 '고독'이란 단어가 휴지처럼 찰싹 달라붙는다. '보람'이라는 이름과 '용서'라는 그 무엇. 이 뜻풀이마저 풀고 나면, 그때는 철저히 살아 있을 수 있을까.

이 책은 앞으로도 별다른 직장이 없을 법한 백수이자, 아마도 영원히 종교를 갖지 못할 무신론자가 쓴 자신의 이야기이다. 물론 백수와 무신론자 사이에는 아무런 연관이 없다. 다만 백수 이야기로 시작해 (현실에 좌절한 나머지) 신을 찾는 이야기로 끝을 맺는 결론은 다소 개연성이 있는 듯도 하다. 어쨌거나 나 스스로도 '커리어 저니'(career journey)를 다루리라 생각하고 집필을 시작했기에, 정말 몰랐다. 원고의 상당수를 신을 찾는 이야기로 '경로 이탈'할 줄은.

『저니』는 뜬금없이 '명상'으로 방향을 튼다. 시놉시스에는 없는 내용이다. 편집팀의 도움으로 다행히 너무 멀어지기 전에 원래의 경로로 되돌아올 수 있었다. 『저니』의 경로와는 별개로 향후 내 인생은 이탈한 길을 따라 내달려 갈 것 같다. 시에는 시적 허용이, 여행에는 '경로 이탈'이 허용되니까.

희망 사항

'어쨌거나 희망으로 끝나야 한다.' 『저니』의 끝자락에 느낀 강박이었다. 자유를 찾겠다며 도망친 노예의 최후가 사막에서 물 한 모금 찾지 못해 말라 죽는 건 영 내키지 않았다. 저 멀리서 "그럴 줄 알았어" 하는 비아냥이 들리는 듯했다. 반드시 해피엔딩이어야 한다. 그렇게 억지로 맺은 말이 "죽을 때는 작가로 죽고 싶다"는 '희망 사항'이었다. 사실이긴 했지만 한편으로는 비겁하기도 했다.

"죽을 때는 작가로 죽고 싶다"라는 문장은 두 가지 측면에서 비겁했다. 하나, '죽을 때'까지로 심판을 미뤄 놓은 잔머리. 둘, '작가'라는 이름을 대단한 위치로 승화시킴으로써 닿기 어려운 이상향으로 포장한 행태. 자존심이 상해서 '희망 사항'으로는 도저히 책을 끝내고 싶지 않았다.

그래서 '희망' 그 너머로 달아나 버리고 싶었는지 모른다. 치열하게 '신의 존재'를 모색하는 그 어딘가로 훌쩍 날아가 버리고 싶었나 보다. (사실 나는 제대로 된 작가보다는 신의 존재를 모색하는 그 무언가가 될 가능성이 더 높다고 본다.) 그러나 이런저런 '그 무언가'를 구축하는 내용들이 동어 반복이자 경로 이탈이라는 냉정한 평가에 따라, 결국 '희망 사항'이 에필로그 자리를 차지하면서 책을 끝맺게 되었다.

처참한 결론인가. 그렇진 않다. 오히려 고집부리지 않기를 잘했다고 스스로를 칭찬해 주고 싶은 기분이다. 물론 구렁텅이에서 빠져나오기가 쉽지는 않았다. 구조의 손길이 없었다면, 편집된 원고들에 눈, 코, 입을 그리고는 '윌슨'이라 부르며 〈캐스트 어웨이〉(2000)를 찍었을지도.

인생도 마음대로 안 풀리는데 에필로그라도 마음대로 쓰자

싶기도 했다. 진로 방해에 항의하고 싶었다. 못난 마음이었다. 내가 옳다는 걸 확인받고 싶었다. 현명한 답(이미 정해진 답)을 듣고 싶었다. 중대 결정과 방향을 조언해 주는 구조의 손길, '키친 캐비닛'이 필요했다.

키친 캐비닛

미국의 정치학자 새뮤얼 L. 폽킨의 저서 *The Candidate: What It Takes to Win – and Hold - the White House*(Oxford University Press, 2012)에 따르면, 키친 캐비닛에 꼭 포함되어야 하는 인물로는 후보자와 거의 동등한 권위를 갖는 비서실장, 후보에게 쓴소리를 하더라도 후보의 감정이 상하지 않는 피어(peer), 전략에 깊숙이 개입하고 방향을 제시하는 내비게이터(navigator), 후보가 편안함을 느끼고 든든하게 생각하는 바디맨(body man), 전문가들과 후보의 가족, 친구 사이를 조율하는 중재자, 후보의 가치를 최우선으로 수호하는 브랜드 프로텍터(brand protector) 등이 있다(스콧 밀러·데이비드 모리 지음, 『리더십 캠페인』, 플랫폼 9¾ 옮김, 글항아리, 2022, 105쪽 참고).

나에게도 키친 캐비닛이 있다. 물론 그들은 자신이 황보람의 키친 캐비닛이라는 사실은 알지 못한다. 어쨌거나 남의 말 듣기 싫어하는 내가 귀 기울이고 표면적으로는 거부하더라도 결과적으로는 수용하는, 나에게 절대적인 영향력을 끼치는 사람들이다.

고집이 최고조에 이른 8월 11일, 피어와 점심 약속이 있었다. 약속 장소로 가는 길에 비서실장에게서 연락이 왔다. 석 달 만이었다. 비서실장은 『저니』에 대해서는 아는 바가 없었지만, '경로 이탈'에 대해서는 빠삭했다. 우리는 새로운 경로 이야기를 오래 나누었다. 이후 피어를 만났고, 깨졌고, 매우 슬퍼졌다. 피어를 보내고 카페에 홀로 앉아 완전히 삐딱선을 타고 있는데 중재자에게서 불현듯 전화가 왔다. 넉 달 만의 통화였다. 이 모든 손길은 우연인가. 마음이 조금 안정되자 마음을 굳히고 싶었다. 내비게이터에게 전화를 걸었다. 역시나 내비게이터는 전략을 갖고 있었다. 완벽에 가까운 대안이었다. 그런데 왜일까. 영 개운치가 않았다. 균형을 완전히 잃은 기분이었다. 집으로 돌아와 속절없이 무너졌다. 지켜보던 바디맨 1이 다가와 조용히 안아 주었다. 바디맨 2는 아예 울어 버렸다. 감정을 주체하지 못하고 있는데 또 전화가 왔다. 브랜드 프로텍터였다.

인정할 수밖에 없다. 나는 끝내주게 운이 좋은 사람이다. 숱한

밤 보초를 서 가며, 내가 쌓은 성벽을 지켜 왔는데, 알고 보니 성벽을 흔드는 건 '나의 사람들'이었다. 이제는 조금 더 유연해질 때라고, 깊은 곳에서 명령이 내려졌다. 나를 아끼는 사람들의 목소리였다. 내 목소리이기도 했다. 기꺼이 따를 수밖에 없었다.

이쯤 되면, 키친 캐비닛 전원이 나에게 고집을 꺾으라고 이야기한 것만 같다. 실은 반대다. 피어 외에는 모두 '나답게'를 지키라고 말해 주었다. 그래서 허무주의자인 나답게, 그깟 개성과 스타일, 무의미한 고집들을 최대한 털어 내기로 했다. 언제나 자신을 빳빳하게 지켜 온 나로서는 대단한 발전이었다. 이렇게 많은 분들의 사랑으로 『저니』를 나답게, 또한 나답지 않게 마무리할 수 있었다.

감사

도박판에 굳이 굳이 제 발로 들어가 '제자리'란 무엇인지 일깨워 준 『도박묵시록 카이지』(후쿠모토 노부유키의 작품으로, 1996년부터 연재 중)의 카이지에게, 공백으로 치부될 뻔한 숱한 나날들을 〈롱베이케이션〉(1996)으로 승화시켜 준 세나와 미나미에게, 나의 모든 고통이 한낱 웃음거리일 뿐이라는 진실을 가르쳐 준 법륜 스님에게 감사한 마음이다.

나에게 '저니맨'(journey man. 여행 다니듯 자주 소속을 옮기며 일하는 사람)이라는 정체성을 부여해 준 후배 H와 선배 Y에게, 감히 한 명의 정독 독자가 되어 주길 부탁한다. 참고로 나는 『읽지 않은 책에 대해 말하는 법』(피에르 바야르 지음, 김병욱 옮김, 여름언덕, 2008)이라는 책을 읽지 않았다.

목적지도 알 수 없는 여행에 기꺼이 동행하는 건, 책 만드는 사람들밖에는 없을 것이다. 최초의 독자, 정지민 편집자가 '다음' 원고를 기대해 주었기에 졸필이나마 끝까지 써낼 수 있었다. 지다율 편집자가 '경로 수정'을 해 주지 않았다면 『저니』는 어딘가에 표류해 버릴 운명이란 걸 안다. 많은 사람들이 『저니』에 만족한다면, 기경란 디자이너 덕분일 것이다. 그가 디자인한 편앉의 명함은 내가 받아 본 것 중 단연 으뜸이었다. 나에겐 '보이지 않는 손'이나 다름없었던 김윤우 편집자 덕분에 오독을 대폭 줄였으리라 본다. 편앉에 큰 빚을 졌다.

냉정과 냉담 사이를 무한히 배회하는 나에게도 다정이 있음을 일깨워 준 아지들. 개고기로 팔려 간 우리 사랑이, 의료 사고로 세상을 떠난 돈희, 유기와 파양을 겪으면서도 우리 가족에게 곁을 준 멍쿠와 밀콩이. 그들이 준 사랑을 도저히 갚을 길이 없다. 미안

하고 고맙다.

『저니』의 시작이자 끝, 재은 코치님께 평생의 감사와 사랑을 전한다.

바디맨 1과 2, 어쩌면 3. 영원히 함께하자.

제자리에서 공회전하며

조금은 파고들어 갔을

2023년 『저니』를 마치며,

보람 씀

1장

영원한 퇴사

너의 계획은

"내년 계획은 뭡니까."

긴 침묵.

"올해 제가 맡은 프로젝트 두 건을 잘 완수하는 것이 저의 목표입니다."

"내년 계획을 물었는데?"

"내년 계획은 없습니다."

그렇게 퇴사 통보를 했다. 연봉 협상 자리였다. 내년에 이 회사에 있지 않을 것이므로 협상할 것이 없다. 자연스럽게 이야기가 이어져서 다행이라고 생각했다.

"내년 계획은 없습니다." 이 한 문장을 제대로 말하기 위해 지난 6개월 동안 괴로웠다고 생각하니, 스스로가 조금은 대견하기도 했다. 이번만큼은 정말 정중하게 예의를 갖춰, 적시에 퇴사를 통보했다는 생각이 들었다. 도망치듯 떠났던, 박차고 나와 버렸던 퇴사의 기억을 되풀이하지 않으리라. 다짐하고 또 다짐한 터였다.

이게 한두 번 해 보는 일이었다면 이렇게 괴롭지도 않았을 거다. 다섯 번째 퇴사였다. 자의든 타의든 다섯 번째 퇴사라니. 어떤 측면에서는, 어떤 판단에서는 '낙오'라 하지 않을 수 없는 우울한 선택이었다. 조직에 조응하지 못하는 자. 현명하게 교류하지 못하는 자. 아니라고만은 할 수 없었다. 몇 번은 사회에서 그런 평가로 밀려났지만, 이번만은 달라야 했다.

사실 마지막 직장은 나에겐 표면적으로 완벽한 조건이었다. 마을버스로 10분 거리라는 위치, 크게 어렵지 않지만 다소 뿌듯하기도 한 프로젝트들, 대기업 CEO들의 내러티브를 다루는 일. 게다가 회사는 카페를 겸하는 서점까지 운영하고 있었다. 원한다면, 합법적으로 카페에서 온종일 일할 수도 있었다. 주 업무는 책 보는 일이고. 이보다 좋을 순 없었다. 그리고 나는 이 회사마저 떠나야 했던 것이다. 퇴사에 그 어떤 오점도 남기고 싶지 않았다. 분명하게 나 자신에게 선언하고 싶었다. '이건 내가 선택한 거야, 잡소리 하지 마.' 그렇게 6개월 동안 나 스스로 납득할 수 있는 퇴사 내러티브를 써 내려 갔다. 참 묵고 묵힌 6개월이었다.

2022년 12월 30일, 다섯 번째 직장, 기업 컨설팅, 1년 3개월 근무, 영원한 퇴사.

"왜 이직을 안 하는데?"라고 묻는다면, "이력서 쓰기 싫어서"다. 한마디로 질려 버렸다. 20대에는 인생이 증명이라고 생각했다. 증명하느라 서른 중반도 넘겼다. 막상 증명이 좀 되었다 싶으니 머리를 딱 얻어맞은 기분이다. 아, 이 증명은 영원히 끝나지 않는구나. 알아 버렸다. 증명 매트릭스는 누가 면접관으로 앉아 있느냐, 경쟁자는 무슨 이력을 지녔느냐에 따라 매번 달리 짜였다. 그래, 이 증명은 영원히 끝나지 않을 뿐 아니라, 진짜조차 아니다.

더 이상 증명할 것도, 초조할 것도 없다. 나는 이 시험을 치를 필요가 없다. 남이 목에 걸어 주는 합격 목걸이는 필요 없다. 나중에 장물아비도 안 쳐줄 가짜다. 남이 차려 놓은 시험장은 영원히 퇴장이다.

서사의 주인

이직을 알아보지 않은 것은 아니다. 스타트업 같은 곳에 가면 최대한의 자율성을 보장받으며 일할 수 있을지 모른다는 생각은 했다. 물론 관문을 뚫긴 어렵겠지만. 그래서 오랜만에 공부를 좀 했다. 이력서 잘 쓰는 법, 면접 잘 보는 법 이런 강의를 들어 봤다.

어떤 강사는 모든 역량을 '숫자'로 표기하라고 했다. 또 다른 강사는 자기만의 '원라이너'(one-liner. 짤막하면서 강렬한 자기소개)를 만들어 각인시키라고 했다. 최근 어느 프로그램에 나온 글로벌 테크 기업의 직장인은 자신만의 집요했던 순간을 서사로 구성한 게 먹혔다고 했다. 숫자와 원라이너, 집요했던 순간의 조합. 쉽지도 어렵지도 않았다. 단지 그게 '진짜'냐가 문제일 뿐.

여성들의 네트워크라는 한 모임에 돈을 내고 가보기도 했다.

유명 스타트업 여성 CEO니, 우리나라 최초 대기업 여성 임원이니 하는 연사들이 무대에 섰다. 밝은 표정의 참가자들은 환호를 보냈다. 나는 무엇을 두고 환호하는지 도무지 알 수가 없었다. '회사 이름'에 환호하는 것이라고 짐작할 수밖에. 나는 파티장에서 밖으로 나와 잠시 앉아 있다가 그대로 집에 와 버렸다. 네트워크도 영감도 얻지 못했다. 이직을 원하는 게 아니란 사실이 분명해졌다. 내가 원하는 건 거기에 없었다.

그리고 1년 전쯤, 회사의 업무용 단톡방에 남겼던 글이 두고두고 생각이 났다.

"노동자와 사용자도 워킹 타임 계약 관계인데 노동과 노동자, 태스크가 극도로 쪼개지면 시간의 개념은 소거되고 태스크만 남아서 목적과 결과 중심으로 개편될 것 같습니다. 결국 나의 시간이 다시 나의 주도권 안으로 돌아오는 과정이 아닐지. 일과 삶의 균형도 궁극적으로 시간의 주도권이 노동자에게로 이양되는 변화를 통해 이뤄지는 것이란 생각이 듭니다."

새해 예측 보고서를 쓰면서 '일을 쪼갠다'는 개념을 언급했던 부분인데, 지금 시점에서 돌이켜 보니, 이 말은 나 스스로에게 하는 예언이었다.

나는 일 자체가 삶이고 싶은 사람인데 일이든 삶이든 내 손에 있지 않았다. 무엇보다 눈 뜨고 있는 시간 대부분에 '회사'라는 좁은 공간 안에 속박되어 있었고, 때때로 사슬에 매인 것처럼 숨이 막혔다. 도대체 내가 왜 회사에 있어야 하는지 이해되지 않는 날들도 있었다. 단순히 재택근무나 워케이션에 대한 욕구는 아니었다. 내 삶의 주도권이 나에게 있었으면 하는 열망이었다. "하루의 60%를 자기 마음대로 쓰지 못하는 자는 노예다"라는 누군가의 말이 나에게 사실로 다가왔다.

회사가 주는 월급이 결코 적다고 할 수는 없었지만, 하루하루 죽어 가는 입장에서는 한없이 초라해 보이기도 했다. 시아버님은 고속도로 운전이 어려울 만큼 늙으셨고, 두 눈을 간단하게나마 수술하셔야 했다. 우리 강아지 멍쿠는 털이 허옇게 세 버렸고, 방광에서 돌이 열 개나 발견됐다. 허비할 시간이 없었다. 가족과 함께할 수 있는, 신체 속박 없는 삶을 하루빨리 모색해야 했다. 모든 소속을 벗어나는 것밖에 방법이 없었다.

표정, 표정들

몇몇 표정은 판화처럼 각인돼 감정을 소환한다. 내려간 입꼬리, 치켜뜬 눈, 허공에 기댄 듯한 등, 한 뼘 물러난 발. 그 모든 '카밍 시그널'(calming signal. 소리 없이 신체 반응을 통해 보내는 동물의 의사소통 신호)은 나에 대한 혹독한 평가다. 사실 여부와는 관계가 없을지 모른다. 시그널 해석은 철저히 주관적으로 이뤄진다. 조용한 시그널이 나를 교묘하게 괴롭힌다.

너무 예민해서 괴로운 것일까. 그런 생각에 잠 못 이룬 나날들이 있었다. 어떻게 다들 그렇게 무심할 수 있는지. 나는 사람들이 보내는 작은 신호도 쉽게 알아챌 수 있었다. 생존 본능이었다. 무시해 버려도 그만인 신호들을 죄다 수집하고 분석하고 폐기하고, 폐기한 척하느라 안 그래도 예민한 성격은 더욱 날카로워졌다. 불행하게도 내가 해석한 신호의 대다수는 '참'으로 확인되곤 했다. 그래서 더 무시할 수가 없었다. 언제나 내 마음속에서 일어나는 전쟁으로 나 혼자만 폐허가 됐다.

회사에 김 작가가 온 날이 그랬다. 그 작가는 〈유 퀴즈 온 더 블록〉의 출연자로 우리 사무실에 왔다. 우리 회사가 방송 촬영을 위해 장소를 빌려준 상황이었다.

회사 사람들은 부랴부랴 사내 도서관 소설 코너에서 그의 책을 찾아 사인을 받으러 갔다. 작가도 우리에게 관심을 보였다.

"영화사 직원이신가 봐요"

우리 회사가 임차한 건물은 한 영화사 소유였다. 그의 질문은 합리적이었다.

"저희는 컨설팅 회사 직원입니다."

답을 들은 작가의 표정이 기억난다. 표정이라기보다 기운이라고 해야 할까. 아주 단순한 호기심조차 순식간에 말소된 느낌. 그랬다. 작가에게 '컨설팅 회사 직원'은 정봇값 있는 대상이 되지 못했다. 작가가 아무런 흥미를 느끼지 못하는 서사의 사람들. 직업에서부터 탈락이다. 다른 직원들의 흥을 깨지 않으려는 마음에 별 관심도 없는 사인 행렬에 섰다가, 결과적으로 다소 비참한 마음만을 남긴 채 의미 없이 사인회는 끝이 났다.

'인용하지 않고, 인용되는 삶을 살아야지'라고 다짐했던 과거의 나를 대면하지 않을 수 없었다. 기자 일을 할 때 영선 선배가 그랬다. 기자가 뭐 대수냐고 인터뷰 당하는 사람이 '찐'이지. 맞는 말이었다. 직장만 바뀌었을 뿐 똑같은 굴레를 반복하고 있었다. 나보다 더 나은 사람을 좇고, 그의 말에 귀 기울이고 내 생각은 소거해 버리는.

증명을 바라는 건 세상이 아니라 나 스스로였는지 모른다. 다른 시험장에서 70점을 간신히 맞느라 내가 낸 시험지는 거들떠보지도 않고 있었다. 나는 아직 나 자신에게 선택되지 못한 상태였다. 인생은 무작위의 총합. 내 영혼이 나라는 객체를 만난 것도 무작위일 텐데, 한 번이라도 내 영혼에 만족스러운 객체인 적이 있었던가.

죽은 내 얼굴을 본 적이 있다. 첫 직장에서였다. 서비스 마인드가 생명인 곳이었기에 전화 응대에서조차 'voice with smile'을 가르치는 곳이었다. 실제로 웃으면서 말하는 것과 친절한 척하는 것은 목소리에서부터 확연한 차이가 난다. 어쨌거나 나는 미소를 띤 채 통화하는 법은 배웠지만, 직장에서 진심으로 웃는 법은 몰랐다. 책상 위 거울에 비친 내 모습은 그야말로 시체였다. 기자 준비를 하기 위해 돈 벌러 잠시 온 것이라는 초기 목적은 묻어 둔 채 에 정보다 더 길게 눌러앉은 참이었다. 집에서 걸어갈 수 있는 거리, 여섯 시 칼퇴근, 회식은 1년에 한두 번 있을까 말까. 괜찮은 연봉, 엘리트만 모여 일하는 곳. 전화를 받지 않을 때는 시체 같은 표정을 짓고 있다는 사실 딱 하나가 걸리는 곳. 이건 아니었다.

천성적으로 일과 삶이 분리되지 않는 탓에 '직업'에서 '살아 있음'을 갈구했다. 이후 나는 살아 있는 감정을 느끼기 위해 무수히 전전했다. 그리고 좀처럼 '살아 있다'는 감정은 느끼지 못했다.

It's my life. It's now or never. I ain't gonna live forever. I just want to live while I'm alive.
— 본 조비, 〈It's my life〉, 2000

촌스러운 느낌은 있지만 이 노래가 딱이다. 이 가사만큼은 언제 들어도 가슴이 벌떡거린다.

헤매는 동안, 다행이라고 해야 할지 숱한 관습적 숙제들은 모범생답게 끝냈다. 누가 나에게 취직이나 하라느니(다섯 번이나 했다), 돈을 모으라느니(집 샀다), 결혼은 언제 할 거냐느니(했다), 애는 안 낳냐느니(낳았다) '고나리'를 할 수 있겠나. 좀 헤맸을지언정, 돌아왔다고는 말하고 싶지 않다. 사회의 기준과 요구를 제칠 수 있을 만큼 자신만만한 인간은 못 되니.

이제 진짜 내가 낸 문제를 풀어야 할 차례다. 더 미룰 시간도 없다. 일단 내가 오픈한 시험장에 입장하고 보자. 문제는 단 하나. 어떻게 살아 있을 것인가. 어떻게 '나'로 죽을 것인가.

2장
새로운 시나리오

예언

어떤 책은 예언처럼 다가온다. 수발신이 동일한, 과거의 내가 현재의 나에게 보낸 편지랄까. 이 편지는 오래전 발신되었지만 언제 수신될지는 모른다. 예언을 찾아보겠다는 마음과 알아보는 눈, 두 가지가 충족됐을 때 비로소 수신되니까. '잉여로운' 시간을 보내면서 그 어느 때보다 내면의 목소리에 집중하고 있다. 내가 흘려 놓은 부스러기를 따라서 어딘가에 다다르기를 소망하며. 이제야 조금씩 퍼즐이 맞춰진다. 인용하는 걸 싫어하면서도, 오랫동안 타인의 문장과 문장을 이어 나의 이야기를 구성해 왔다는 걸 인정하지 않을 수 없다. 지금 쓰고 있는 이 책도 자기 예언들이 망라된 또 하나의 예언이 될 운명인 것 같다.

에스트라공: 우린 권리를 잃은 거냐?

블라디미르: (명료하게) 헐값으로 팔아 버렸지.

— 사뮈엘 베케트, 『고도를 기다리며』

　(오증자 옮김, 민음사, 2000, 27쪽)

나름의 시대적 직관이 있다면, 지금 세계는 광범위하고 불가역적인 노예 해방기에 진입했다는 것. 조용한 퇴사와 같은 움직임은 세대나 트렌드의 문제가 아니다. 노예성에 대한 자각이자 거부다. 『고도를 기다리며』의 에스트라공과 블라디미르는 하루 종일 허튼짓을 하는 것처럼 보이지만, 본질을 꿰뚫는 현실 인식 탓에 부조리극을 반복해 살고 있는 것이다. 나는 오랫동안 두 사람을 마음에 두었다. 그리고 알았다. 내가 해야 할 말을.

나는 불행하다

이 말을 하려고 여기까지 왔다

— 이홍섭, 「청단풍 아래」(『터미널』, 문학동네, 2011, 46쪽)

그러나 이러한 어리석음을 영원히 이어 나갈 이유는 전혀 없다.

— 버트런드 러셀, 『게으름에 대한 찬양』

(송은경 옮김, 사회평론, 2005, 33쪽)

나까짓 게 뭐라고 방황을 할까. 불성실에 대한 자기변명에 지나지 않는 게 아닐까. 그렇게 오랫동안 '방황할 자격'을 물었다. 답을 찾을 때까지 어딘가에라도 소속되려 애썼고, 거칠고 모난 모양새를 갈아 내 보려고 애썼다. 아직도 때때로 내가 사회에서 낙오한 것이 아닌가 하는 의문이 든다. 무책임하다고 할 수도 있는 나의 방황이 세상에 어떤 의미나 맥락이 될 수 있을지 누구라도 답해 주길 원했다. 충동적으로 리스본행 야간열차에 올라탄 그레고리우스처럼.

"아무런 의미도 없는 행동입니다. 그렇죠?"
그는 더듬거리며 이야기를 한 다음, 마지막에 이렇게 덧붙였다.
의사는 아무런 대답도 하지 않았다. 그레고리우스는 그를 잘
알고 있었다. 그는 아마 지금 눈을 감고, 엄지와 집게손가락으로
미간을 누르고 있을 것이다.
"의미가 있어요."
의사가 대답했다.
"있고말고요."

— 파스칼 메르시어, 『리스본행 야간열차』

(전은경 옮김, 비채, 2022, 45~46쪽)

『리스본행 야간열차』 같은 걸작이라도 나온다면 모를까. 방황의 끝에 아무것도 성취하지 못한 초라한 가난뱅이 하나 남을 것 같다는 극도의 불안을 누르고, '저니'를 시작했다. 일말의 희망도 소거하려 애썼다. 조금이라도 기대하는 나 자신이 꼴 보기 싫었다. 이럴 때는 극단으로 가 보는 게 좋다. 지금 내가 하는 일에서 최고의 프로페셔널이 될 경우, 그러다 일이 더 잘 풀려 어떤 기회를 맞는 상황. 반대로도 가 본다. 이도 저도 안 됐는데 남편마저 경제적으로 불안해진다면. 극단적으로 남편이나 내가 어떤 이유로 사망해 버린다면. 전자라면 나는 서울 생활을 정리하고 아이를 데리고 시댁으로 내려가 살아야겠지. 그때 내가 할 수 있는 돈벌이는 이러이러한 일들이겠지. 이런 이야기는 머리로만 생각할 게 아니다. 진지하게 남편과도 예상 가능한 리스크를 상의했다. 남편은 생명보험을 들겠다고 했다. 나는 이미 생명보험이 있으므로 오케이. 양극단으로 잠시 다녀오면 마음이 홀가분해진다. 우리는 돌파할 것이다. 그런 일이 일어날 가능성도 적다. 별거 아니다.

이제껏 내가 해 온 일들, 내가 살아온 삶에서 정점에 오르더라도, 초라한 하나의 개인일 뿐이라는 건 달라지지 않는다. 그러한 사실이 나를 안심시켰고, 대범하게 살 수 있게 독려했다. 소득 없이 방황하든, 근면 성실하게 세계와 조응하든 결국 모두 먼지 한 톨에도 미치지 못한다는 것. 어쩌면 그 사실이 인생의 묘미일지도 모른다. 그럼에도 각자의 탁월성을 찾아가는 것. 그게 인류를 이어 온 힘일지도 모르고. 리처드 테일러는 『무엇이 탁월한 삶인가』에서 이렇게 말한다.

애써 평범해야 할 필요는 없다. 아무것도 아닌 또 다른 존재가 되거나 별다른 차이를 보이지 못해 쓸모없는 존재가 될 필요도 없다. 당신이 생각과 이성, 창조력으로 이룬 것은 세상을 눈부시게 할 수도, 하지 못할 수도 있다. 물론 그러지 못할 확률이 압도적으로 높지만 그건 별로 중요치 않다. 중요한 것은 당신이 그 누구도 할 수 없었던 가치 있는 무언가를 하게 되리라는 사실이다. 당신은 무언가에 자신의 고귀함과 좋음을 표식처럼 남길 것이고, 설령 그 표식을 알아보는 사람이 자신 하나뿐이라 해도 당신은 중요한 모든 것에 성공한 사람이 될 것이다. 그럴 때 당신은 진정으로 자기 자신을 위해 살고, 자신에 대한 사랑을 정당화한 것이다. 그러니 자부심을 느껴 마땅하다.

— 리처드 테일러, 『무엇이 탁월한 삶인가』

(홍선영 옮김, 마디, 2014, 71쪽)

결국 리처드 선생님의 예언대로 탁월성으로의 모험을 떠날 운명인 거다. 일단 물량 공세. 어디에서 어떻게 나의 '포텐'이 터질지 모르니 해 볼 수 있는 건 다 해 보는 수밖에. 〈에브리씽 에브리웨어 올 앳 원스〉(2022)다. 창당도 도모해 봤고, 5년 전 손을 놓았던 단편 시나리오 「캣맘 순애」도 최근 다시 탈고했다. 나를 생애 첫 해고로 이끌어(?!) 주었던 풍자만화 작가들과도 다시 결합했다. 애초에 우선순위로 고려했던 발명 창업도 끝내 시도할 것이다. 물량은 확보됐는데…… 잘 풀리는 것 같진 않다. 어쩌지. 이럴 때 필요한 게 뭐지?

계획

육아의 제1원칙. 계획하지 않고는 아무것도 할 수 없다.

육아의 제2원칙. 계획대로 되는 게 아무것도 없다.

한마디로 계획하지 않고는 아무것도 할 수 없으나, 계획대로 되는 것도 없다.

이 원칙이 육아 영역에서만 증명되는 줄 알았다. 적용해 보니 인생 전반에도 딱 들어맞는다.

살면서 큰 계획을 세운 일이 있었나. 나에겐 이상향이라는 게 별로 없었던 것 같다. 이런 사람을 만나고 싶다느니, 몇 년 후에는 이런 위치에 있고 싶다느니 하는 '상'(像)이 나에겐 별로 없었다. 여행도 되는 대로, 만남도 되는 대로였다. 그러나 직업만큼은 치열하게 찾아 왔던 것 같다. 그리고 계획대로 된 건 하나도 없었다.

　　대학생 시절 언론학부 이중 전공을 하고부터는 학점이고 뭐고 '빡센' 수업만 찾아 들었다. 점수만 따기에는 학비가 아까웠다. 뭐라도 제대로 배우는 게 아니라면 수강 신청도 하고 싶지 않았다. 다큐멘터리 촬영이나 뉴스 메이킹, 인쇄매체 수업 등을 동시다발로 수강하면서 정말 바쁘게 살았다. 만족도도 높았다. 그리고 직업으로 삼을 만한 한 가지를 골라냈다. 카피라이터. 문과대학으로 입학해 국어국문과로 진학했고, 이중 전공으로 언론학부를 지원하면서 면접을 보게 됐다. 한창 연애에 빠져 있던 터라 면접이라고 따로 준비한 게 없었다. 다행히 나와 함께 면접 보는 학생이 매우 똑똑했다. 그는 언론학부에 들어와 광고계로 진출하겠다는 포부를 밝혔다. 순간 나도 기지를 발휘했다. 그 학생의 꿈을 내 식대로 변용했다. '우라까이'(남의 기사를 베껴 쓰는 행태를 가리키는 기자들 용어)였다. 그렇게 언론학부에 합격하자, 마치 자발적으로 '광고인'이 되기 위해 공부하는 것처럼 느껴졌다. 그야말로 '말의 예지력'이었다. 어쨌거나 한 줄로 한 방을 먹이는 카피라이팅 자체는 멋있는 게 사실이니까. 남이 꾼 꿈을 꾸어다가 내 꿈으로 만들어 버렸다.

　　길이 정해지니 경로도 명확했다. 3학년 때 연합 광고 동아리에 들어갔다. 운 좋게 좋은 팀을 만나서 별로 기여한 것도 없이 LG

애드(현 HS애드) 광고 공모전에서 대상을 받았다. 인턴십이 포상으로 주어졌다.

다행이라고 해야 할까. 몇 주 인턴을 해 본 것뿐인데 나는 카피라이팅에 곧바로 정이 떨어졌다. 제품에 포장지만 갈아 끼우는 일처럼 느껴졌다. 이럴 바에는 제품 기획부터 하는 게 속이 시원하겠다 싶었다. 카피를 잘 쓰면 잘 쓸수록 사기 치는 느낌이 들 것 같았다. 돌파해 볼 수 있는 일이었을 텐데 그렇게 하지 않았다. 내 길이 아니라고 속단했다.

성과도 좋았고 적성에도 맞았던 제1의 길이 소멸되자 방황이 시작됐다. 뭘 해야 할지 몰랐다. 언론학부 수업들에 몰두하면서 일반 기업에 지원하는 것은 생각도 해 본 적 없었다. 자연히 정보력도, 경쟁력도 극도로 떨어졌다. 안전 자산이라 할 수 있는 교직 이수는 왜 안 했을까……. 몇몇 기업에 면접을 들락날락했지만 모두 탈락했다.

문득 주변을 돌아보니, 모두 기자와 PD, 아나운서 지망생이었다. 나도 그 길로 갈 사람이었던 거다. 결국 '언론'으로 외길을 파기로 했다. 아나운서 아니면 기자. 기자는 너무 고될 것 같아 아나운서로 길을 정했는데 완전 오판이었다. 화면발도 안 받고, 발음도 안 되고, 무엇보다 아나운서 지망생들의 '무한 생글생글'을 흉내조차 내지 못했다. 시니컬 그 자체인 나는 웃고 있는 내 모습에 적응하지 못했다. 다행히 발음 교정만큼은 제대로 했다. 이제 남은 건 기자. 정의로움을 표방하는 성정에는 맞는 듯했다. 길도 꽤 넓었다. 이곳저곳 언론사가 많았으니 해 볼 만했다.

첫 직장에 사표를 내고, 네팔로 떠나 숙고하는 시간을 가진 후, 기자가 되기로 결심했다. 그렇게 기자가 되었다.

기자 생활은 '하리꼬미'를 시작하기도 전에 완전히 불만족스러웠다. '하리꼬미'라는 폭력적인 시스템도, 사회에서는 친구이거나 후배일 법한 사람들, 솔직히 친구조차 안 할 것 같은 사람들이 먼저 기자가 됐다는 이유만으로 하대하는 것도 받아들이기 어려웠다. 시키는 대로 따라가는 취재에도 빠르게 흥미를 잃었다. 선배들은 수습기자를 그저 수족으로나 부리고 싶은 듯했다. 기사 욕심을 내면 오히려 이상한 사람 취급을 하기도 했다. 돌이켜 보면 그들도 이제 처음 후배를 받아 본 풋내기 기자였을 뿐이다. 체력적으로 버거웠고 3 더하기 2가 몇인지 답하기 힘들 정도로 정신도 쇠약해졌다. 기사? 당연히 제대로 못 썼다.

탈수습을 하고는 그나마 나았다. 사건팀 1진이 되면서 제대로 된 출입처를 배정받았고 주도성을 찾으면서 비로소 기자다워졌다. 그런데도 영 재미가 없었다. 목마름이 채워지지 않았다. 가끔 쓰는 기획 기사나 나만의 관점으로 펼쳐 낸 기사에는 간혹 만족스러웠지만 그런 일은 워낙 드물었다. 사회부에서의 2년 정도는 고만고만했다. 수백 건의 기사를 쓰면서도 기억에 남는 건 다섯 건도 안 됐으니까. 딱히 정의를 구현하는 느낌도 들지 않았다. 또 시체가 되었다.

그러다가 기자로서 사망 선고랄까. 모든 걸 놔 버리는 사건이 있었다. 세월호 때였다. 세월호는 어떤 기자라도 정신을 똑바로 차릴 수밖에 없는 비극이었다. 소소한 단독들을 하고 칼럼도 하나 썼다. 「"세월호 안 슬픈데 이상해?"…'공감 교육' 없는 사회의 비극」이라는, '공감 교육'의 필요성을 다룬 내용이었는데 당시 우리 회사에서 야심 차게 도입한 1면 '오늘의 기사'로 나가게 됐다. 다음 날 새벽, 신문을 본 『머니투데이』 홍선근 회장이 분노했다고 한다. 기사 말미에 인용된 정몽준 전 의원 아들의 트위터 내용이 화근이 됐다. 그 트위터를 사진으로 실은 편집기자는 감봉됐고, 기사는 즉시 삭제됐다. '오늘의 기사' 섹션도 폐지됐다.

열심히 해도 꼬이는 일은 정치부에 와서도 이어졌다. 나는 당시 국회 상임위원회 가운데 교육문화체육위원회(교문위) 담당 기자였는데, 별안간 우리 회사가 『연합뉴스』와의 전쟁에 돌입한 것이다. 『연합뉴스』는 '국가 기간 뉴스통신사'로서 정부로부터 막대한 지원금을 받고 있었다. 『뉴스1』과 『뉴시스』라는 두 통신사를 인수한 『머니투데이』로서는 제대로 붙어 볼 만하다고 생각했던 것 같다. 이면에 정치적인 무언가도 있었겠지. 그러거나 말거나 나는 교문위 기자로서 기사를 썼다. 하루는 예산정책처가 『연합뉴스』에 대한 정부의 지원이 부당하다고 지적한 보고서를 발굴해 기사로 썼다. 나로서는 일상적인 자료 기사 처리 수준이었다. 그런데 이례적으로 정치부장이 직접 내 기사를 직접 손봐 키웠다. 정치부는 『연합뉴스』와의 전쟁에 최전방·최정예 부대였던 것이다. 나는 내 손에 든 게 총인 줄도 모르고 저격수로 복무했다.

일련의 국지전 끝에 결과는 참패. 『연합뉴스』 사태는 회사에 치명상을 입혔다. 홍 회장이 『연합뉴스』 사장을 찾아가 글자 그대로 '무릎을 꿇었다'는 말이 돌았다. 뭔가 덜미를 잡혔을까. '정쟁'이 아닌 '정책'을 다루겠다며 야심 차게 출범시킨 '한국 언론 최초 정책 전문 뉴스' 『the300』(300이라는 숫자는 국회의원 정수에서 나왔다)도 무너지기 시작했다. 후배들의 독보적인 존경을 받았던 정치부장은 (일시적으로) 사표를 냈다. 어른이 그렇게 우는 모습을 처음 보았다. 홍선근 회장은 (가시적으로) 회장직에서 물러났다. 기자들의 줄서기도 (노골적으로) 이뤄졌다. 차기 국장으로 여겨지던 정치부장이 반사 상태가 되니 그 자리를 노리는 이들이 눈에 띄게 보폭을 키웠다. 회장 라인과 반(反)회장 라인. 회사는 (겉으로) 사태 수습에 돌입했다. 그때 연판장을 쓰려던 사람, 막으려던 사람, 그런 사람들의 이름을 각각 적어 내던 사람들의 행태가 어렴풋이 떠오른다. 비겁한 중립지대에서 안전함을 추구했던 사람들까지도. 친애하는 나의 동료들. 기자로서는 실격이었다.

이후 나를 포함한 기자 세 명은 증권부로 발령이 났다. 좌천이었다. 한 명은 곧바로 퇴사했다. 또 다른 한 명은 증권부 출입을 며칠 못 채우고 출근 준비를 하다 돌연사했다. 그날 이후 나는 간단한 시황 기사 하나 제대로 처리하지 못하고 매일을 처참하게 보냈다. 증권부 입장에서도 이런 애물단지는 필요가 없었다. 나 또한 회사에 일말의 애정도 남지 않았다.

그렇게 얼마를 못 견디고 국회에서 스카우트 제의를 받아 회사를 나왔다.

기자가 천직이라 할 수 없었지만 사실 나에게 가장 잘 맞는 직업이긴 했다. 취재와 이동이 비교적 자유로웠고, 몇몇 기사를 쓸 때는 자부심도 느꼈으며, 사회적인 위치도 그럴싸했다. 왜, 그런 거

있지 않나. 직업만으로 설명되는 사람. 가끔 메이저 언론사에 들어갈 때까지 시험을 좀 더 쳤어야 하는 생각이 들기도 했지만 정치부에 들어가고 나서는 비교적 덜했던 것 같다. 회사에서 야심 차게 시작한 정책 전문 뉴스 『the300』의 창립 멤버라는 만족감도 있었다. 국회 법안과 상임위원회를 취재하며 사회에 이로운 정보를 제공하고 있다는 뿌듯함도 생겼다. 그러나 정치는 조금 알았을지 몰라도 정치질은 못했던 반골이 살아남을 수 있는 곳은 아니었다.

도망치듯 어쩌다 선택한 국회의 보좌진으로서도, 나는 이리저리 장기 알로 쓰이다 최후를 맞았다. 내 인생에 계획이란 사치였다. 계획은 자연에 거스르는 헛된 의욕 같은 것이다. 나 같은 사람은 '무위이화'(無爲而化)에 이끌렸다가, '무위' 그 자체에 정착했다가, 결국은 '무'라는 한 글자만을 내 삶에 소구하게 될 것이란 걸 안다.

『상처받지 않는 영혼』(이균형 옮김, 라이팅하우스, 2014)의 저자 마이클 싱어는 이러한 '무위이화'를 두고 '내맡김 실험'이라고 명명했다. 과연 '실험'이라 할 수 있을지 모르겠다. 실험의 주체조차 내가 아닐 테니. 어쨌거나 나는 내맡겨졌다. 별다른 계획 없이 떠나는 길이 되도록 무위하고 무해하길. 그러면서 나는 오랜만에 신을 떠올렸고, 나에게도 감히 소명이 있는지 하늘의 뜻이 알고 싶어졌다.

고도

무신론자가 신의 계획을 찾게 되는 건 어떤 이유 때문일까. 신이 존재해서일까, 아니면 그저 안전 제일주의자의 오래된 관습 같은 걸까. 『지성에서 영성으로』(이어령, 열림원, 2010)에 코웃음 치던 풋내기가 자연의 이치에 따라 불혹(不惑)에 가까워지고, 뒤통수를 얻어맞은 듯 지천명(知天命)이 시야에 들어오면서 이제라도 사태 수습에 나서려는 것일까. 모르겠다. 인류는 태생부터 답을 구해 왔다. 나도 이제 진지하게 찾아보려 한다. 나의 고도(Godot)를.

파라마한사 요가난다 선생님은 그렇게 왔다. 아주 오셨는지 잠시 머물다 가실지 아직 알지 못한다. 다만 이번에는 마음이 열려 있고 눈이 좀 트여 있어서, 방문을 알아챈 것일지 모른다. 요가난다 선생님을 만난 데에는 나의 코치, 재은 님을 언급하지 않을 수 없다.

재은 님은 마지막 직장에서 만난 선배였다. 이런 사람은 처음 봤다. 남을 도우려고 태어난 사람이라고 해야 할까. 어떻게 하면 저 사람을 도와줄까 진심으로 궁리하는 사람. 그게 너무나 즐거운 사람. 가식이랄 것 없이 자연스럽게 이타적인 사람. 귀인을 만난 것이다. 재은 님과 가까이에서 일하면서 지적으로, 정서적으로, 심지어 신체적으로도 힘을 참 많이 얻었다. 재은 님 책상에는 항상 책들이 진열되어 있었다. 컨설팅 일을 하면서 직접적으로 도움을 받은 것뿐만 아니라, 나의 내면이 폭발적으로 성장한 것도 재은 님의 셀렉션 덕분이었다. 재은 님은 자신의 책상 앞 테이블에 영감을 주는 책 십여 권을 주욱 전시하고는 지나가는 누구든 읽고 배울 수 있도록 했다. 어떤 날은 재은 님이 골라 놓은 책 한 권에서 인생을 뒤흔들 만큼의 깨달음을 서너 번씩 얻기도 했다. 평생 드문드문 느꼈던 희열을 농밀하게 경험한 시기였다. 책을 읽고 깊든 얕든 허심탄회하게 나눴던 이야기들 속에서 실시간으로 성장하고 있음이 감지됐다. 재은 님의 말들은 대체로 따뜻했지만, 때때로 얼음송곳처럼 날카롭게 내 목덜미를 찔렀다. 몸이 얼어붙을 정도로 치욕스러운 날도 있었다. 재은 님은 정말 아무런 사심 없이, 비판의 의도조차 없이 나를 찢고 찌르고 봉합해 성장시켰다. 그분을 만난 건 내 일생일대의 행운이었다.

다시 요가난다 선생님 이야기로 돌아오자면, 퇴사하고 한 달쯤 지났을 때인가. 재은 님이 선물로 한 권의 책을 보내 주었다. 크리야요가 수행자이자 비즈니스맨인 마이클 싱어의 『될 일은 된다』(김정은 옮김, 정신세계사, 2016)라는 에세이였다. 이 책은 좋고 싫음을 내려놓고 우주의 뜻에 따라가는 '내맡김 실험'(the surrender experiment)을 이야기한다. 또 한 권의 절묘하고도 적확한 예언서가 도착한 것이다. 저자는 자신의 의도와는 비견할 수 없을 정도로 큰 운명적 선물을 우주가 예비하고 눈앞에 대령해 주는 경험을 인생 전반에 걸쳐 겪는다. 그는 크리야요가를 수행하며 높은 경지의 영적 상태에 이르렀기 때문에 그 우주의 선물을 알아보고 순종할 수 있었다. 저자는 위대한 스승 요가난다를 온 마음으로 사랑하고 존경하고 있었다. 도대체 누구시기에? 호기심이 발동했다. 그렇게 『요가난다, 영혼의 자서전』(파라마한사 요가난다 지음, 김정우 옮김, 뜨란, 2014)을 읽기 시작했다.

사실 『될 일은 된다』를 읽을 때만 해도 크리야요가 자체가 키워드로 떠오르진 않았다. 명상 정도가 시야에 들어왔을 뿐이다. 그런데 요가난다 선생님은 분명하게 크리야요가를 찾아보라고 통보했다. 인터넷을 켜고 검색했다. 한국에 크리야요가 수행처가 딱 한 곳 있었다. 내가 20년 동안 살았던 동네에. 어제도 산책했던 수

성동 계곡 바로 옆에. 몇 년 전 전세를 알아보기까지 한 그 옥인연립에!

우주의 기운을 믿는 사람들이라면 뇌가 진동할 만한 운명 아닌가. 사실 수행처가 몇 정거장만 떨어져 있었어도 가 보지 않았을지 모른다. 인연이 아닌 걸로 치부해 버릴 수 있으니. 크리야요가는 길치인 내가 지도 없이도, 주소 없이도 찾아갈 수 있는 곳에 있었다. 서렌더. 가 보는 수밖에.

이런 곳을 찾아갈 때는 마음속 체크리스트가 발동된다. 한두 번 당해 보나. 사이비 종교에도 잠시 마음을 열었던 나다. 한두 번 당했겠나. 말만 번지르르. 너무 많이 봤다. 눈빛만 봐도 느낌이 온다.

아니. 사실 거짓말이다. 솔직히 모른다. 오히려 잘 속는 편이다. 잘 믿지만 잘 돌아서서 그나마 다행인 케이스다. 내가 나를 모를쏘냐. 마음속 체크리스트를 확인했다. 1번, 무리하게 설득하려 드는 곳은 가짜다. 2번, 돈으로 환산되는 접근은 하수다. 3번, 마음이 불편하면 머물 곳이 아니다. 세 가지를 품고 옥인연립으로 들어갔다. 그리고 들어서자마자 체크리스트를 구겨 던져 버렸다. 가난한 수행자 한 분이 나를 맞았다. 가난. 체크할 것도 없이 통과다.

정갈한 가난은 너무나 많은 것을 함축한다. 크리야요가는 알음알음 스승에서 제자로 이어진다고 한다. 아늑하지만 소박한 공간, 마케팅 능력이라곤 티끌만큼도 보이지 않는 수행자. 오든 가든 초연할 모습. 체크할 것도 없었다. 마음이 벌써 자유롭고 편안했다.

사실 크리야요가를 찾기 전에 한국 전통 무술도 알아보고, 명상원에도 방문해 보았다. 명상원에서는 의식적인 '놓아 버림'을 연습하는 듯했다. 눈물 콧물 다 쏟으며 인생의 트라우마를 직면한다고 했다. 뭔 말인진 알겠는데, 나에겐 별로 필요하지 않았다. 지난 30년 동안 밤마다 했던 일을 돈 주고 할 필요가 있을까. 앞으로 내가 가야 할 길은 지극히 자연스럽고 평화가 가득할 것임을 직감적으로 안다. 과거의 어둠을 몰아내는 수행이 아니라, 지극한 빛 속으로 그저 빨려 들어가게 될 것이란 생각이 든다. 어둠을 직면하기 싫은 것은 아니다. 다만 이제는 그것들이 진정 어둠이었을까 새로운 질문을 던져 보고 싶은 것이다.

기도

무신론자인 나의 기도는 이런 식이었다. 우선 기도의 대상은 철저히 타인이어야 한다. 신을 믿는 타인. 그에게 내가 간절히 기도할 것임을 미리 고지한다. 나는 1년에 한두 번만 기도한다는 사실도 적시한다. 그러면 기도의 효험이 높아진다. 이유는 알 수 없지만 나의 기도는 거의 항상 이루어졌다. 끝내 이루어지고야 만다.

무신론자가 자신을 위해 기도하는 것은 일종의 신성모독이다. 나를 위해 간절히 기도한 건 일곱 살 때가 마지막이었던 걸로 기억한다. 당시 나의 기도발은 상상 초월이었다. 광화문 덕수국민학교 앞 문방구 뽑기 기계를 앞에 두고 소원을 빌었다. '오늘은 목걸이가 나오게 해 주세요.' 액세서리 뽑기를 해 봤으면 알 것이다. 거의 무조건 플라스틱 반지가 나온다. 보나 마나다. 하지만 나는 달랐다.

지난번에는 팔찌가 나왔고, 이번에는 목걸이가 나올 차례였다. 조금의 의심도 없었다. 플라스틱 반지 따위는 내 사전에 없었다! 기적 먼저, 믿음은 그다음이니까.

기계에 100원을 넣고 레버를 돌리자, 툭. 목걸이가 나왔다. 당연하지 않은가? 온 우주가 나를 돕고 있었다. 너무 기뻐 집으로 뛰어가는 길. 횡단보도에서 택시에 치였다. 쓰러져 누운 시야로 내가 흘린 피와 몰려든 사람들이 보였다. 흔들리던 앞니 두 개도 어떠한 표식처럼 그날로 빠져 버렸다. 그리고 기억이 끊겼다.

기도와 교통사고 사이에 연관이 있다고 보기는 어렵지만, 기도를 그만둔 것과 교통사고 사이에는 일정 정도 관계가 성립된다. 그런 일로 기도하지 말아라. 시험하지 말아라. 혹은 너 자신을 위해 기도하지 말아라. 적어도 나에게 그 정도 계시는 됐다.

그럼에도 나는 가끔 타인을 위해 기도한다. 타인을 위해 올리는 기도의 효험과 관련한 나름의 가설은 이렇다. 신이 있다면 우리 안에 있다. 힘이 있다면 자신의 힘을 끌어내는 것이다. 기도에는 인간의 육감 같은 것들이 최대한 동원된다. 기도가 아니라 일종의 예언인 것이다. 보이고 보이지 않는 여러 데이터들이 통합된 예측성 기도. 간절한 마음은 긍정성을 이끌고, 긍정성은 행동을 촉구한다. 이것이 무신론자의 기도가 작동하는 프로세스다. 물론, 뽑기 기계

앞에서 펼쳐진 기적은 이 가설로 입증되지 않지만.

그렇다고 내가 신을 모시지 않는 것은 아니다. 나는 살면서 '뜻을 깨치는' 구체적인 방식으로 신적 존재를 체험해 왔다. 몇몇 단어 앞에 서면 나는 조건적 유신론자가 된다. 신이 있다면 단어가 그의 집이 아닐까. 감히 하늘에 도전해 바벨탑을 건설하려던 인간이 받은 형벌도 언어 분리였듯이.

'기도'의 신이 떠나가고 10년 후, 고등학교 교정에서 은행나무를 바라볼 때 불현듯 '감사'의 신이 찾아왔다. 17년을 사는 동안 나는 '감사'의 의미를 몰랐다. 찬란한 은행나무와 합작한 감사의 신을 영접한 이후 내 삶은 완전히 달라졌다. '감사'는 실로 내 인생의 전환점이었다. 당시 나는 시도 때도 없이 "감사합니다"를 만트라로 외웠다.

그 후로 한동안은 인생을 툭 건드려 깨 줄 법한 신은 없었다. 다시 20년이 흐르고 한 아이의 엄마가 되고, 그 아이를 5년 키우는 동안에도 신은 미동조차 하지 않았다. 그런데 2022년 갑자기 '행복'의 신이 훅 하고 들어온 거다. 이건 감사와 함께 왔던 행복과는 달랐다. 불쌍하게도 그때까지 나는 새옹지마를 전화위복이 아니라 전복위화로 생각하는 사람이어서, 좋은 일이 있어도 크게 기뻐하는 법이 없었다. 곧 사라질 행복에 마음을 주지 않으려 애썼다. 행복에서 불행으로 떨어지는 낙차를 견딜 수 없었다. 인생에 불행을 끌어당겨 마음의 안정을 이루는 어리석음을 견지했다. '새옹의 저주'였다.

2022년은 뭔가 달랐다. 행복의 항상성이 유지됐다. 행복 보존의 원칙을 터득했을지 모른다는 생각마저 들었다. 아침에 눈을 뜨면 곁에 아이가 있었고, 아이는 잠결에 엄마를 확인하고는 안도의 미소를 지었다. 나의 존재가 너의 안도감이 되고, 너의 미소가 나의 행복이 되는 끊어지지 않는 사슬. 뫼비우스의 띠처럼 너랑 나랑 서로의 매일을 이어 간다. 10년 이상 알고 지낸 남편과의 관계도 근본적으로 진화했다. 평범했던 어느 저녁 남편이 말했다. "우린 베스트 프렌드잖아." 내가 베스트 프렌드와 결혼한 사람이라니. 더 바랄 게 있을까.

나의 절친은 생긴 것과 다르게 드라마를 즐긴다. 이것도 10년 만에 알았다. 영화 취향이 영 달라서 '이건 안 맞네' 하던 차에 공통의 취미를 알아 버린 거다. 절친과 매일 밤 네 캔에 만 원짜리 맥주를 나눠 마시며 함께 '로코'를 보는 인생이라니. 마음만 먹으면 매일이라도 실현할 수 있는, 과자 부스러기를 따라 이어지는 옅은 감도의 행복. 행복을 유지시키는 조건조차도 따로 없다. 어쩌면 그게 핵심일지도 모른다. 나도 모르는 사이 행복의 신이 우리 집 소파에서 나란히 '로코'를 보고 있었다.

행복 선언. 나는 더 이상 추구할 행복이 없다. 이로써 새옹의 저주는 풀렸다. 불행해질까 봐 겁먹지 않아도 된다. 만약 새옹이 살아 돌아오더라도 지금 이 순간을 만끽하지 않을 이유가 없다. 변방의 노인을 쫓아내 버리자 이렇게 홀가분할 수가 없었다.

지금 내가 감히 겨뤄 보고 있는 건 '계획'이라는 신이다. 오늘까지 무신론자인 나로서는 신의 계획이 나를 이끌고 있다고는 상상도 하지 못한다. 사실 그저 되는 대로 흘러온 기분도 든다. 계획하지 않은 적은 없으나, 계획대로 된 것도 딱히 없으니까. 그저 보고 싶다. 내가 갈 길을 분명하게. 이정표가 아예 바닥에 떡 하니 찍히면 좋겠다. 그걸 밟고 나아가기만 하면 되게. 그 이정표를 알아볼 눈. 제3의 눈. 나의 근원이 나에게 명징하게 제시하고 있는 그 사인을 알아보고 싶다. 그게 신이라면 믿어 보고도 싶고.

3장
중간정산

삽질

"7월이 되면, 잔고가 바닥나요. 잡소리 말고 돈을 벌러 가야 합니다. 제 소원이요? 7월에는 부디 성공하고 싶어요. 뭐가 성공이냐고요? 그동안 한 삽씩 떠 났던 것 중에 두 번째 삽을 찔러 넣을 게 생기는 거요. 그게 저에겐 성공이에요."

누군가 나에게 성공이 무엇이냐고 묻는다면, 나는 한 치 앞 성공밖에는 논할 게 없다.

7월이 됐고, 과외 학생 둘을 구했다. 설거지나 원룸 청소 알바도 불사했던 마음가짐치고는 우아하게 풀렸다. 알바를 구했다는 건, 어떤 삽질에서도 돈 될 만한 건 아직 없었다는 뜻이기도 하고.

잠시 옆길로 새면, 백수가 되더라도 굶고 살 일 없다고 자부한 건 '숨고'와 '당근마켓' 때문이었다. '숨고'에는 일거리가 있었다.

나는 숨은 고수니까, 일거리를 받을 수 있었다. '당근마켓'은 '궁핍한 지금의 나'가 '풍족했던 과거의 나'를 내다 팔아서 연명할 수 있게 해 줬다. 모두 애정해 마지않는 플랫폼들이다.

또 옆길로 새면, 한때 나도 '숨고'와 같은 플랫폼을 구상했다. 돈이 안 되는 버전이긴 했다. 동네에 숨어 있는 바느질 고수, 구두 수선 고수 등 사라져 가는 수공업 장인들을 홍보하고 지역과 연결해 주는 앱(app)을 그렸다. 여하튼 내가 세상에 필요하다고 생각했던 앱을 누군가 개발했고, 내가 그 플랫폼을 통해 근근이라도 먹고 살 수 있는 자신감을 얻고 있다는 것은 참으로 힘이 나는 일이다.

나는 통장 잔고가 바닥날 때마다 '숨고'에서 조금씩 일감을 구해 돈을 벌었다. 그리고 그런 내 모습이 나의 주류를 형성하고 있는 건 아닐까, 생각이 들기도 한다.

설문 조사 아르바이트를 뛸 때 일이다. 한 건당 1만 원! 기한은 1주일, 최대 100건. 상암동 DMC에 입주한 기업들을 대상으로 만족도를 조사하는 일이었다. 괜찮아 보였다. 타깃도 명확하고 기간은 짧은데 최대 100만 원을 벌 수 있지 않은가.

당시 나는 식기세척기(이하 '식세기')를 사야 하는 절박한 상황에 놓여 있었다. 내가 백수라고 해서 가정주부로 정체성이 변경된 것은 아니었다. 설거지를 싫어하는 나로서는 '식세기'를 꼭 사야만

했다. 20개월짜리 아이를 유모차에 태우고 DMC 입주 기업들을 종횡하며 설문을 받았다.

나름 전략도 탄탄했다. 이미 확보된 전화번호로 설문 조사를 죽 돌렸다. 스타벅스 쿠폰이 경품으로 제공됐다. 이틀 만에 앉은자리에서 20만 원을 벌었다. 좋아. 다음은 발로 뛰기다. 층마다 설문 조사를 담당자에게 전달하고 최대한 친절하게 부탁했다. 얼굴 보고 부탁하는데 '딱 5분'도 시간을 안 내주는 게 더 귀찮은 일인 건 나도 알지. 하루 3시간 정도를 들여 3일 발로 뛰니 모든 타깃 회사에 설문지를 돌릴 수 있었다. 최종 회신 78건. 대성공이었다.

설문 조사를 의뢰한 기관도 매우 놀란 눈치였다. 매해 설문 조사를 하고 있지만 30여 건도 채우지 못했다고 했다. 건물들 사이에 부스를 마련해 홍보해도 이렇게 높은 응답률을 달성한 적은 없었다고 했다. 그렇게 의뢰 업체는 나에게 100만 원을 주기로 결정했다. 내년에도 부탁한다는 말과 함께. "내년에는 일하고 있을 거예요." 싹을 잘랐다. 마음속 미련을 잘라 버리고 싶었다. 세금 정산을 위해 이력서를 제출할 때는 좀 머쓱하긴 했다. 이런 이력으로 설문 알바를 하고 있다니……. 어떻게 하나? 20개월 아기 엄마는 기자 출신에 '스카이'를 나왔어도 이런 것밖에 할 여력이 안 되는걸.

이 아르바이트가 특히 기억에 남는 건 한 응답자 때문이다. 여성분이었는데 친절하게 설문에 응해 주었다. 나를 불쌍히 여기는 눈빛이었다. 하긴 오후에 느긋하게 나와서 회사 사람들이 퇴근하기 전에 여러 타깃을 조준 사격하며 뛰어다녔으니 택배 기사처럼 무진장 바빠 보이긴 했을 것이다. 그날은 아이를 맡길 데가 없어 유모차를 끌고 갔는데 그 여성분이 설문지를 갖다주러 나왔다가 복도에 세워 둔 유모차를 봐 버렸다. 그는 거의 울 지경이 되어 버렸다. 그 눈빛 속에서 나를 주인공으로 한 스토리들이 펼쳐졌다. 어떤 버전에서도 나는 불쌍한 캐릭터였다.

내 입장은 좀 달랐다. 건물 한 층에 회사 6개, 10분 남짓 걸리지 않는 시간 동안 최소 5만 원 정도를 벌 수 있는 '꿀알바'인데. 저기 저 아이가 타고 있는 유모차는 70만 원이 넘는 건데. 오늘은 애 데리고 오기 좀 힘들어서 '타다'를 불러 3만 원 가까운 택시비를 쓰고 왔는데. 그리고 난 그냥 '식세기' 사려고 알바 나온 건데. 마음속 모든 방어체계가 "당신이 상상하는 그런 거 아니에요!"라고 소리쳤다. 소리 없는 외침에 내 눈가도 은근히 촉촉해졌다.

우리가 보고 판단하는 거의 모든 것은 단면에 미끄러진 찰나의 속성일 뿐이다. 내가 무슨 스토리를 쓰고 있든지 저 눈빛의 여성에게 나는 '굳세어라, 엄마'일 뿐이고, 그게 틀렸다고 볼 수는 없을 것이다.

이런 상황들이 수차례 쌓이고 나서부터였을 거다. '하나를 보면 열을 안다'라는 말을 잘 쓰지 않게 됐다. 우리 인생에 하나를 보면 열을 아는 순간이 있는 것도 엄연한 사실인 걸 알지만, 또 그게 높은 가능성으로 틀릴 수 있다는 것도 안다.

하. 나는 점점 더 열리고 있는 걸까, 닫히고 있는 걸까. 점점 더 꼬여 간다. 미궁이다. "너도 옳고, 너도 옳다"던 황희 정승이 내 조상인 것만은 확실한 것 같다.

여하튼 지금 내 인생은 '숨고'와 '당근마켓'의 단면들이 켜켜이 쌓인 '엄마손 파이'다. 단면과 단면은 서로 일말의 정도 없이 부스러지지만, 그 모든 게 '엄마손 파이'라는 이름 아래 집결한다. 한마디로 구차한 인생이라는 뜻이다. 그런데 이 구차함이 그 옛날부터 나를 지탱해 온 악착같은 단면들이라면, 그건 내가 아니라고 이야기할 필요가 있을까. 진실이 아닌 것도 아니고.

나는 가끔은 비참한 백수이고, 또 가끔은 꿈에 젖은 몽상가이고, 또 가끔은 홀로라도 젖먹이 아기를 건사해야 하는 '굳세어라, 엄마'인 것이고. 이 가운데 대표 이미지를 무엇으로 하느냐, 그거 하나만이 관건이고. 어떤 사람들은 나의 단면만을 본 목격자일 뿐인데 그들 증언의 신빙성을 따지고 들 필요는 전혀 없을지도.

물론, '굳세어라, 엄마'를 내 '커리어 저니'의 대표 이미지로 할 생각은 추호도 없다. 나에겐 아직 열두 개의 프로젝트가 남아 있다.

창당

"서울대 학생회는 안철수 라인이 잡고 있기 때문에……."

"고려대는 그 라인이 학생회 얼씬도 못 하고……."

그때, 말을 끊고 들어갔다.

"듣고 있기 정말 진절머리 나네요. 우리가 직접 합시다. '시빅 해킹(Civic hacking, 정부가 제 역할을 못하는 경우 시민이 직접 나서 공공 문제를 풀어내는 활동)당'을 창당합시다. 이 당은 개발자와 기획자, 의제 제안자가 중심이 되어 사회 문제를 실질적으로 해결하는 것을 목표로 합니다. 의제는 이미 세상에 널려 있습니다. 정치가 해결하기만 하면 됩니다. 이로써 정당과 정치, 정치인이 일하는 개념을 근본적으로 재설정하는 겁니다. 우리는 내년 총선에서 비례대표 의석만으로 제3당의 자리를 확보합니다. 어때요?"

내 인생 최초의 정치적 비전 공표였다. 즉흥적으로 말을 꺼낸 듯 보였겠지만, 밤을 새워 수차례 되뇐 내용이었다. 비례정당 창당.

팽팽하고도 따뜻한 온도의 기운이 우리들 사이를 연결했다. 이런 느낌은 실로 오랜만이었다. 2002년 월드컵 때 광장에서 공유한 것 같은 일체감이랄까. 영화 〈인셉션〉(2010)에서 모두 같은 꿈속으로 빨려 들어가는 그런 집단 환각 같은 기운이 몸을 휘감았다.

우리들은 2022년 끝자락에 '청년 정치'를 의제로 모였다. '아그니카'라는 정치 모임에서 처음 만난 컨설턴트 빈, 지역 정치인 영과 함께였다. 아그니카는 정치인을 꿈꾸는 후배가 이사로 있는 곳이다. 응원차 갔다가 '사람'을 만나 버린 거다. 당시 나는 퇴사를 앞두고 사회적 기업 창업을 꿈꾸고 있었으므로 아그니카에서 결이 맞는 동지를 찾아볼 요량이었다. 그리고 팀원이 된 두 사람과 어쩌면 '어떤' 맥락을 형성할 수 있을지 모른다는 기대감이 싹텄다.

우리들은 '청년 정치인 인프라 공동 구매'를 소재로 프로젝트를 짜 내려갔다. 두어 달 동안 프로젝트를 이어갔지만, "띵" 하고 머리를 울리는 무언가를 잡지 못하고 있었다. 이때 아그니카의 다른 팀원이었던 창업가 한과 대학생 국이 합류했고, 국의 학교 선배인 프로그래머 준도 합류했다. 어느새 여섯 명이 됐다. 팀명은 청년 정치의 줄임말인 '청정'이 되었다.

'청정팀'은 '새로운 정치'를 꿈꿨다. 각자의 소명을 공유하며 '원씽'을 맞춰 나갔다. 꿈틀꿈틀 뭔가 될 것만 같았다. 이제는 '원씽'이 나와야 할 타이밍이었다. 여섯 명의 첫 오프라인 모임. 크리스마스이브 오전 10시! 강남 모처 파티룸에서 우리는 감히 창당이라는 비전을 나눈 것이다.

모든 것이 부자연스러웠다. 크리스마스이브에? 그것도 오전 10시에? 처음 만나는 사이에 파티룸에서? 창당?!

'초면에 파티룸'이라는 기괴한 장소 선정은 내가 했다. 크리스마스이브 같은 날 식당 예약은 말도 안 됐다. 그나마 취식과 공간 대여가 가능한 파티룸에 모여 점심을 간단히 시켜 먹고 논의해 보자는 취지였다. 기가 막힌 추진력. 모두들 크리스마스이브도 마다하지 않을 만큼 마음이 동했다. 결론적으로 우리는 꿈같은 시간을 보내느라 점심도 거르고 세 시간 동안 비전을 나눴다. 우리는 '제3당'을 창당하리라는 의미로 손가락 세 개를 펴고 단체 사진을 찍었다. 모두 최대치로 웃고 있었다.

창당이라는 비전이 떠오르고 한동안 잠을 이루지 못했다. 생애 처음으로 몇 날 며칠 이어지는 아드레날린 러시였다. 인생이 잠자다 끝날 것처럼 잠이 많았던 나에게도 미라클 모닝이 시작됐다. 매일 새벽 세 시에 눈이 떠졌다! 나는 정직하고 양심 있는 사람들이 권력을 잡는 세상을 꿈꿨다. 우리 당에서 그 권력을 펼칠 수 있게 묘안을 짜내느라 잠이 오지 않았다.

산의 기운 때문일까. 마을버스가 독립문에서 경복궁으로 넘어가는 인왕산 고개를 돌아내려 갈 무렵 급하게 메모장에 이렇게 썼다. "꿈을 이루기 위해 필요하다면, 감히 신이라도 이용할 것이다." 중증이었다. 제발 우리 팀이 나와 함께 계속 꿈꿔 주길, 망상이 모두의 상상이 되어 현실에 안착하길 간절히 빌었다.

그리고 2주 뒤, 대망의 '안동 워크숍'이 열린다. 창업가 한은 자신의 안동 숙소에서 1박 2일 워크숍을 제안했다. 이미 저 멀리까지 한참 마음이 달려가고 있던 나는, 내년 총선까지 이어지는 대략의 스케줄과 투 두 리스트를 정리한 상태였다. 워크숍에서 이 스케줄이 미세하게 조정되고, 각자의 역할이 결정될 것이었다. 부담감만큼이나 제대로 해 보고 싶은 마음이 컸다. 이런 일을 그냥 하는 게 아니니까.

나는 청정팀이 '인생의 팀'이라고 생각했다. 그렇지 않은가? 창당 정도의 이야기를 초면에 나눌 수는 없는 거다. 운명이 아니고서는. 김칫국. 항상 인생에 초를 쳤던 세 글자가 자꾸 떠올랐지만, 애써 외면하고 워크숍에서 쓸 화이트보드니 마커 따위를 안동으로 주문했다. 서울로 돌아오는 길에는 안동 온천에도 들러야지. 철저하게 즐기고 있었다.

창업가 한은 안동이 '한국 정신문화의 수도'라고 소개했다. 안동은 그의 실질적이고도 영적인 고향인 듯했다. 내 마음도 한결 차분해졌다. 우리들이 얼마나 가까워질지, 영적으로 어떻게 연결될지 기대가 됐다.

사실 우리는 서로 어색했다. 잘 모르는 사이였다. 하룻밤을 자고 간다며 안동까지 왔는데, 여섯이 모두 모인 건 이때가 고작 두 번째였다. 술이 필요했다. 취하지 않고서는 아무렇지 않을 수 없었다. 캔 맥주 3만 원어치를 사 오고 나니 마음이 한결 편안해졌다. 무장해제. 조금씩 취해 가자 이야기의 농도도 높아졌다. 예상했던 대로 빈이 화이트보드 앞에 섰다. 그는 컨설턴트답게 방법론을 적어 내려갔다. 내가 생각한 순서나 흐름과는 다소 달랐지만 상관은 없었다. 모로 가도 서울만 가면 되니까.

그런데 조금씩 길이 어긋나더니 어라? 하는 순간, 내비게이션을 보니 서로 다른 목적지를 치고 가는 것 아닌가? 이게 뭐지? 안동의 1박 2일은 사실 빈이 황보람의 비전을 깨부수는 날이었던 것이다. 고통스러운 파괴는 새벽 4시까지 이어졌다. 사실 나는 그때까지도 우리가 무슨 이야기를 하고 있는 건지 몰랐다.

날이 밝자 조금 정리가 됐다. 지난밤 우리가 나눈 이야기들은 크리스마스이브 파티룸에서 내가 한 말에서 한 발도 더 나아가지 못했다. 하룻밤을 꼬박 같은 이야기를 반복하는 데 쓴 건가. 결론이 더 황당했다. '우리는 창당을 한다.' 도로 원점이었다.

최고조에 달했던 긴장과 집중, 연결이 '무'로 돌아간 느낌이었다. 묵묵했던 한이 입을 열었다.

"이번 프로젝트는 우리의 신조가 가장 중요할 것 같아요. 1월 한 달 동안 각자의 신조를 적어 보고 이 프로젝트를 고(Go) 할지 노고(No-go) 할지 결정합시다."

한의 말을 듣고 왈칵 눈물이 났다. 그런 의도는 아니었겠지만, 나에게 건네는 부드러운 위로 같았다. 사실 창당이라는 비전은 나에게서 나온 게 아니었다. 우리 내부에서 자연스럽게 떠오른 것이었고, 나는 구체화된 안을 이야기했을 뿐이었다. 아무도 창당을 고수할 필요가 없었다. 더 중요한 건 의도와 마음이었다. 한이 말한 '신조'는 마음이자 정신인 것이다. 내 마음을 읽어 주는 사람이 한 명은 있다는 안도감. 같은 가치를 추구하는 사람이라는 생각에 마음이 평화로워졌다. 신조 작성에 모든 팀원이 동의했다. 그리고 이게 또 함정이었다.

막상 각자의 신조를 써 보니 명확히 보였다. 이 팀으로 창당은 할 수 없다. 우리의 가장 강력한 장점이라고 생각했던 부분이 곧

바로 최대 단점으로 떠올랐다. 우리 팀은 '세미 이준석'부터 '이재명 광팬'까지 두루 모여 있었다. 그럼에도 서로 정치적 성향을 이야기 하는 데 거리낌 없을 만큼 심리적인 안정감이 드는 환상적인 조합 이었다. 그런데 각자의 신조에서 합의점을 찾아보자니, 철학이 극 명하게 갈리면서, 타협하기 어려운 지점들이 도드라졌다. 그렇다. '다원주의 정당'은 언어도단이었다.

물론 방법은 있다. 같은 당이라고 해서 모두가 같은 철학을 공유하는 건 아니다. 실제로도, 이론상으로도 그렇다. 같은 방법론 을 공유하는 것만으로도 함께할 수 있다. 그건 컨설턴트 빈의 접근 법이었다. 나는 창당을 포기하기로 결정했다. 나 혼자서는 할 수 없 는 일이다. 단순히 방법론을 공유하는 집단이라면 정당으로 뿌리 내리지 못한다. 결국 정당은 탈락이다. 마음이 가벼워졌다. 비전을 내던지니 쓸데없이 비장했던 생각들도 우스워졌다. 모두가 부담스 럽기만 한 비전을 무엇 하러 짊어질까? 누가 시킨 것도 아닌데. 자 유다!

빈과 만났다. 안동에서 느낀 껄끄러움을 돌파하고 싶었다. 이 유도 궁금했다. 직접 대면해 이야기를 나누니 수수께끼도 쉽게 풀 렸다. 그는 나와 안동에서 비전 경쟁을 펼쳤던 것이라고 했다. 그리 고 자신이 졌으니 따르기로 한 것이라고. 프로젝트 매니저(PM)는 한 명이어야 한다고 생각하는데, 보람 님의 비전대로 간다면 보람 님이 PM이 되는 게 맞는다고 머리를 얻어맞은 것 같았다. 그날 워크숍이 우리 팀에 어떤 의미였는지 명확해졌다. 나는 김칫국을 마신 것뿐 아니라 상황 판단도 제대로 못하고 있었던 거다.

그깟 PM 경쟁으로 하루 반을 날렸다고? 납득이 되지 않았다. 창당이라는 비전에 솔직하게 반론을 폈다면, 그런 시간 낭비와 감정 낭비, 궁극적으로 신뢰 낭비는 하지 않았을 것이다. 나는 창당을 깔끔하게 포기했다. 나는 PM이 되고 싶지도 않았고 반드시 창당을 해야 하는 것도 아니었다. 정리가 되니 마음이 편안하고 기분이 즐겁기도 했다. 나에게도 창당은 인생을 건 모험이고, 너무 많은 부분을 희생하고 헌신해야 하는 미션이었다. 나에게 온 소명이라면 마땅히 받아야 한다고 생각했을 뿐, 개인적으로 득은 없고 실만 많은 프로젝트였다. 나의 순진함을 다시 한번 확인한 순간이었다.

꿈에서 깨는 데에는 오래 걸리지 않았다. 아니, 애초에 모두가 연결됐다는 느낌, 그 빌어먹을 느낌은 거짓이었을지 모른다. 싸구려 파티룸에서 나눠 마신 와인 두 병이, 비전을 설계한답시고 밤을 새운 피로감이 망상을 환상으로 착각하게 한 것이었다. 새벽 세 시 미라클 모닝은 긴장감과 기대감이 불러들인 불면증, 그 이상도 이하도 아니었다. 나 같은 피라미가 창당이라니 가당키나 한가? 모쪽록 안전하게 땅으로 내려와야 했다. 그렇게 높은 곳에 올라가 본 것은 처음이라서 착지법은 미처 배우지 못했다. 처참하게 고꾸라 졌다.

창당을 꿈꾸면서 나는 상상 속에서 의원실도 구성하고 억울하게 옥살이도 해 봤다. 나름의 각오였다. 맹세컨대 누가 시켜 줘도 정치인은 하기 싫은 나인데 왜 자꾸 이런 비장한 상상이 나를 사로잡는 건가. 국회는 나에게 트라우마를 일으키는 곳이다. 공황장애가 오는 곳이다. 그런데도 머리와 심장이 자꾸 여의도 1번지를 향하는 이유는 도대체 뭘까. 대단한 권력욕도 명예욕도 없다고 생각했는데 내가 나 자신을 속여 온 것일까.

운명

내가 속은 거라면, 두 가지 짚이는 게 있다. 태몽과 혜문 스님. 그 둘에게 따져 볼 수밖에.

봉황이 날아오르는 꿈. 그것이 나의 태몽이다. 할아버지가 꾼 꿈인데, 내 것이 맞는지 의심하기도 했다. 내가 너무 별 볼 일 없어서 나랑 며칠 차이로 태어난 사촌의 태몽이 아닌가 생각도 해 봤다. 그도 나랑 별반 차이 없는 보통 사람이니 누구 꿈이든 상관없어 보였다. 그래도 초중고 12년 반장을 지냈으니 내가 봉황 꿈에 걸맞지 않은가. 내 인생에 가장 거창한 게 바로 태몽이다.

그리고 혜문 스님. 우리 시아버님의 사주 선생님인데 수십 년 공부한 시아버님도 인정하는 고수라고 한다. 나와 남편은 궁합도 사주도 따로 본 적이 없다. 시아버님이 항상 선수를 쳐서 그럴 필요도 없었다. 결혼할 때도 시아버님이 직접 본 사주 오케이, 궁합 오케이. 더 알아볼 것도 없었다. 다만 아버님 사주 풀이에 의문스러운 부분이 있었으니, 남편이 천생 공무원 팔자라는 것이었다.

"아버님, 사주 말고 아들을 보세요. 어디를 봐서 이 사람이 공무원이에요. 딱 돈 벌고 싶어 하는 사람인데요."

내가 아는 내 남편은 공무원과는 가장 거리가 먼 사람이다. 남편은 "사업을 절대 하면 안 된다"는 아버님의 사주 풀이에 따라 자신의 욕망을 억누르고 있었다. 일반 회사를 다니지만 꽤 안정적이라는 이유로 사주 신봉자인 아버님, 어머님에게는 '준 공무원'으로 취급되었다. 자기 사업을 시작하려면 남편에겐 확신이 필요했다. 더 큰 권위가 필요했다. 남편은 사업 시나리오를 짜 놓고 모두에게 보내는 최후통첩과도 같은, 처음이자 마지막 자발적 사주를 보러 갔다. 혜문 스님에게로.

"이 사람은 사업할 사람이에요. 사업으로 일가를 이룹니다."

사실 내 귀에는 잘 안 들렸는데 남편은 똑똑히 들었다고 한다. '일가를 이룬다'고 모든 내용은 녹취되었다. 증거 제시용.

'일가를 이룬다'는 대단한 구절을 놓친 건 내 사주 때문이다. 사업가에게 별 흥미를 느끼지 못한 스님은 지나가는 말로 "아내를 상당히 잘 만났다"고 했다. 남편 옆에 앉아 있는 내가 여동생인 줄 알았던 거다. 끼어들 타이밍. "그 아내가 접니다."

당시 나는 임신, 출산, 육아로 3년이라는 커리어 공백기 끝에 서 있었다. 마침 몇 분이 일할 생각 없냐며 추천해 주어서 두 군데 면접을 진행하고 있었다. 결과가 궁금했던 나는 사주 풀이를 내 시간으로 끌어왔다.

"제가 지금 두 군데 면접을 진행 중인데 붙을까요?"

"붙더라도 금방 관둘 텐데요. 이 사람은 정치할 사람입니다. 당장 보따리 싸서 정치판으로 가세요. 이전엔 무슨 일 하셨어요?"

"기자 하다가 국회에서 좀 일했어요."

"이미 그 길로 가 있었네."

혜문 스님은 쓸데없는 편견을 피하기 위해 이름도, 직업도 묻지 않고 사주를 본다고 했다. 스님은 나에게 예전 같으면 장원 급제할 상이라고, 장차 크게 될 사람이라고 했다. 그리고 내 이름을 물어 수첩에 적었다. 기억해 두겠다면서. 손수 쓴 '모든 것은 마음먹기에 달렸다'라는 뜻의 '만사여의'(萬事如意)라는 글귀도 선물로 주었다. 액자에 걸어 두라며.

"도쿠가와 이에야스의 『대망』(야마오카 소하치 지음, 박재희 옮김, 동서문화사, 2020)을 꼭 읽어 보세요. 아주 큰 꿈을 품으세요."

김칫국 한 사발 마신 게 죄라면, 혜문 스님에게도 공범 혐의가 있다.

이후 면접 본 두 곳 모두 탈락. 며칠 뒤 표창원 의원실 때 소방 정책을 담당하며 쌓은 인맥을 통해 소방관 출신 오영환 의원실에 합류하게 된다. 면접이랄 것도 없이 무난히 합격이었다. 그 뒤에 간 곳은 더불어민주당 대선 후보 이낙연 캠프. 모두 생각도 안 한 부름이었다. 캠프에서 연락 왔을 때에는 갈 생각이 전혀 없었다. 면접을 봐서 떨어지고 싶다는 생각마저 들었다. 노는 주제에 연락 온 곳을 안 갈 수도 없고……. 이상한 감정이었다. 캠프 모 의원에게 간단한 면접을 보고 그 자리에서 합격했다. 그렇게 또 정치판을 돌고 돌았다. 결과적으로 이낙연 후보는 민주당 대선 경선에서 탈락했고, 이후 우연한 추천에 따라 컨설팅 회사에 들어가게 됐고, 영원한 퇴사 후 지금 다시 원점에 서 있다.

여의도에서 탈출한 지 3년이 흘렀다. 혜문 스님을 만났던 때와 비교해 달라진 건 없다. 스님 말대로 정치판으로 갔지만 결론적으로는 아무 곳으로도 연결되지 않았다. 그러다 또 청년 정치 프로젝트를 한답시고 창당을 꿈꾸고 다시 고꾸라지고. 이거 언제까지 반복되는 건가. 한생 안에서도 윤회하는 것인가? 무엇이 문제인가. '만사여의'를 액자로 안 걸어서일까? 『대망』을 책으로 안 읽고 양아

치처럼 DVD로 몰아 봐서일까. 아니면…… 아니면?

보이지 않는 손이 나를 쳇바퀴로 집어넣는 건가, 내 발로 들어가는 건가. 이제 '소명'이란 게 있는 건지, '운명'이란 게 무엇인지, 신의 계획이란 게 혹시 존재하는 건지 진지하게 궁금해졌다. 김칫국만 잔뜩 마시고 이렇게 아무것도 아닐 수는 없는 거 아닌가?

큰 뜻을 품은 것 자체가 나의 능력이다. 망상인지, 자기 예언인지, 철저히 운명이라는 가설을 향해 걸어가 볼 뿐이다. 망상 환자로 남을지, 대망을 이룰지는 아직 그 누구도 알 수 없다. 예언은 예언이니까. 신과 한판 도박을 벌이고 있는 거라면, 난 내 패에 돈을 걸 수밖에. 꿈을 이루기 위해서라면 신이라도 이용할 거니까.

창업

만약 인생이 투 두 리스트를 지워 나가는 과정이라면 꽤 선방하고 있다고 본다. 그런데 이게 체크하고 끝낼 수 있는 게 아니라 결과까지 승패로 적어 내야 하는 거라 좀 뭣 같은 거다. '패' 스탬프 열 개 모으면 누가 '승' 하나로 쳐 줄 순 없나.

영원한 퇴사를 강행한 '마이웨이'의 결말은 결국 홀로서기이다. 한마디로 '사장'이 되어야 했다. 발명 창업을 떠올린 건 그런 이유였다. 홀로 창조적이면서 어쩌면 돈을 벌 수도 있는 일을 찾다 보니 창업이었다. 그것도 발명 창업. 스마트폰을 수차례 바꾸면서도 돈 내는 앱으로는 유일하게 살아남은 나의 에버노트 속에는 수년 묵은 발명 아이디어가 들어 있다. 왜 이런 것들이 생각나는지 모르겠지만, 오래된 습관이자 취미이다. 언젠가는 진짜 제품으로 만들고 싶다고 생각하던 차에, 회사를 관두면 발명 창업을 해야지 싶었다. 그래서 특허니, 저작권이니 하는 수업을 듣고 공부를 좀 했고, 2023년 4월 한국여성발명협회가 주관하는 생활발명코리아에 제품 하나를 내려고 했었더랬다.

갑작스럽게 창당이니, 시나리오니 하는 아이들이 끼어들어 오면서 집중하지는 못했지만, 예정했던 대로 여성 발명 창업 대회에 아이템 하나를 제출했다. 신발 끈을 '찍찍이'로 변신시키는 제품이었다. 내심 괜찮다고 생각한 터라 입상 정도는 할 줄 알았다. 그런 일은 없었다. 다행히 별 타격도 없었다. 만약 상을 받았더라도 그 제품을 상용화할 끈기나 애정이 없다는 걸 알고 있었으니. 다만 이런 제품을 누구라도 만들어 줬으면 하는 입장이었다. 여하튼 때.

"남편이 사업하는 거 보고 지도 사장 하고 싶어진 거지."

어떤 저니맨 선배가 그랬다. 모욕이었다. 전혀 그렇지는 않지만, 그게 사실이라고 해도 어쩔 것인가. 선배나 나나 저니맨의 인생을 사는 매한가지 운명. 우리 모두 구차한 삶을 여유로운 척 객기를 부리며 견뎌 가고 있는 걸 아니까. 힘내, 선배. 글에 쓸 정도로 각인된 모욕이었긴 하지만, 전혀 상처 받지 않았어. 진짜야.

믿지 않는다고 해도, 남들이 하는 걸 생각 없이 껄떡대고 있는 건 아니다. 그건 예의가 아니지. 나의 발명에 대한 욕구는 오래전부터 이어진 가늘고 긴 끈이다. 스무 살 때 처음 과외 서비스 앱 아이디어를 떠올렸다. 일산에서 과외를 하고 집으로 돌아오는 버스에서 피곤해 죽어 버릴 것만 같았다. 그때 그 앱을 구체적으로 구상하기 시작했다. 학생들이 앱에 문제를 업로드하면 과외 서비스에 가입한 선생님들은 선착순으로 문제 풀이를 한다. 그리고 건건이 수당을 받는다. 과외 한다고 왔다 갔다 하는 시간도 절약되고 사실 쓸데없는 과외들도 모두 없앨 수 있는 효율적인 아이디어라고 생각했다. 당시는 앱이라는 개념도 없던 시절이고 내가 이런 걸 창업할 수 있다는 생각도 못 했다. 어쨌거나 나는 이런 아이템들을 떠올리기 좋아했고, 에버노트에 차곡차곡 적어 내려갔다.

이후 '창업'이라는 것이 보편화되고 정부에서 혁신창업센터를 지정해 운영하기에 이르렀을 때, 꽤 집착하던 아이템을 조금 밀고 나가 보기도 했다. 이름하여 '공간에 메모하다' 앱. 이렇게 저렇게 알게 된 공간에 자신의 취향을 태그해 붙여 놓으면, 언젠가 그 부근을 방문했을 때, 방문할 예정일 때, 과거의 내가 적어 놓은 취향 메모를 팝업처럼 띄워 준다는 아이디어였다. 이건 좀 더 구체화해 보고 싶은 아이디어였다. 우선 지도를 연동할 수 있어야지. 그럼 인공위성이 필요한데? 혼자 파고들 수준이 아니었다. 그래서 혁신창업센터에 문의해 봤지만 답은 오지 않았다. 결국 네이버에 아이디어 기획안을 냈다. 또 답은 없었다.

지금은 두 아이디어 모두 상용화되어 잘 쓰이고 있다. 일찍이 예비 창업인으로서 작은 시도로 큰 교훈을 깨친 셈이다. 창업에서 '아이디어'나 '아이템'은 아무것도 아니다, 실행할 수 없으면. 차라리 누군가에게 아이템을 실현해 달라고 요청하는 게 낫다. '최애' 앱 하나라도 건질 수 있을 테니. 애초에 나에게 깃든 발명과 창업의 욕구는 직업적 측면보다는 취미에 가까운 것일지 모른다. 이렇게 잽만 날리다 끝내 펀치 하나 제대로 못 꽂을지언정 머릿속에 떠오르는 각종 아이디어는 막을 수 없는 일이다. 쓸데없어 보여도 뇌 회로가 그쪽으로도 돌아가니까 내버려 둘 수밖에.

은근슬쩍 발끝을 들이밀어 보고, 길이 열리나 슬금슬금 엿보는 정도이지만, 누가 알겠나. 이 모든 게 종국에 어떻게 연결될지. 인생도, 프로젝트도 단판 승부가 아니다. 카운터펀치가 나올지, 판정승이라도 따낼지, 10라운드까지는 가늘게 이어가 보기로 했다. 죽어도 수건은 안 던진다. 제대로 카운터펀치를 얻어맞기 전에는 '못 먹어도 고'다.

발명 창업 프로젝트 이후에 우연히 창업 기획안을 제출할 기회가 있어서 혁신창업스쿨 과정을 맛보게 됐다. 아이템은 이랬다. 리뷰의 진위를 가려 진짜 리뷰를 제공한다는 '찐리뷰' 시스템. 영화 〈기생충〉(2019)에서 제시카가 부른 '제시카송'의 내용을 검증하는 프로세스를 만들어 보겠다는 취지였다. 별로 그럴싸하지 않았나 보다. 2차에서는 탈락했다. 이번에도 큰 타격은 없었다. 제주도 한 달 살기 내내 관련 수업을 들으며 시간을 썼는데, 나 외에 500명 모두가 그 정도 노력을 했더라. 그들의 결과는 더 좋았고, 탈락해도 제기할 이의가 없었다.

몇 라운드쯤 왔을까. 아직 시작도 안 한 느낌인데? 원래 하려던 사회적 기업 아이템은 아직 한 삽도 못 떴다. 아직은 정말 괜찮다.

'찍먹'

　'이생망'보다 '이생탈'이 나에게 더 적합한 문장이다. 망했다는 건 사람마다 기준이 다른데 탈락이라는 건 엄연히 주체가 있고, 선이 있다. 나는 이번 생이 망했다고는 생각하지 않지만, 실제로 과하다 싶을 정도로 탈락하고는 있다.

　『저니』의 원고가 시원하게 속도를 못 냈던 것도 '탈락 여부' 때문이었다. 어쨌거나 올해는 모두 맨땅에 헤딩하며 시도해 나가는 해이고, 그 방법 중 하나가 어딘가에 '지원'하는 형태일 수밖에 없어서 결과가 날 때까지 어쩌고저쩌고 떠들 수가 없었다. 기대에 부푼 이야기를 쓰는 것도 한두 번이지, 머지않아 '탈락'으로 드러나면 더 나아갈 이야기가 없어지기도 하고 그간 써 놓은 부푼 마음들을 가라앉히기도 참 민망할 따름이었다. 이미 창당 건으로 한 차례

'매우 민망' 사태를 거쳤기에 더는, 적어도 『저니』의 원고에서는 같은 민망함을 되풀이하고 싶지 않았다. 자연히 쓸 수 있는 말이 줄어들고, 어딘가 다음 단계로 나아가는 것만을 글감으로 삼을 수밖에 없는 창작의 궁핍으로 내몰렸다.

그나마 순항 중인 것들은 내가 다리만 얹어 놓은 것들뿐이다. 고경일 교수님 등 풍자만화 작가들이 주축으로 진행하고 있는 한일 합작 전시 《관동대지진, 100년 만의 통곡 '아이고'(AIGO) 전》은 얼마 전 1,500만 원 펀딩에 성공했다. 8월엔 일본에서, 9월엔 한국에서 전시를 이어 갈 예정이다. 일본 오염수 방류 반대 전시회 또한 기획자로 소소한 일손만 돕고는 관전 중이다. 최근 양향자 의원이 '세계 최초 블록체인 정당'을 표방하며 창당을 선언했는데, 나 역시 블록체인 기반의 솔루션 정당을 구상하던 차였다. 역시나 나에겐 아이디어만 있고 추진 동력은 없었다. 깜냥이 안 되는 것이다.

그래서 생각했다. 뭔가 잘못됐다. 진행 중인 프로젝트들을 주저리주저리 하는 것 자체가 전략 실패다. 결과는 내 손에 있지 않은데, 진행 중인 프로젝트들에 대해 앞서 평가하고 분석해 봐야 무슨 소용이란 말인가. 그리고 이게 내가 낸 시험 맞나? 내가 혁신창업 스쿨 다니려고 퇴사했던 건가? 이렇게 저렇게 자생적으로 태어난 프로젝트들에 끌려다니다 보니, 정작 내가 하려던 건 시작도 못했는데 외통수에 내몰린 기분이 들었다. 내맘김, 이렇게 하는 거 맞나?

남들 눈엔 내가 엄청나게 집적대고 다니는 걸로 보일지도 모르겠다. 창업한다고 찔끔, 발명한다고 찔끔. 커리어도, 시도도 모두 찍어 먹는 식으로 접근하는 듯하니까. 내가 생각해도 그렇다. 나는 도무지 '부먹'은 하지 못한다. 항상 '찍먹'이다.

그런데 누가 알았을까. 내가 탕수육 소짜 하나 시켜 놓고 10년간 '찍먹'하는 인간일 줄. 나도 몰랐다.

스스로가 끈질기다고 느껴 본 적이 없었다. 체감 속도를 몰랐다. 나는 항상 나와 함께 움직이므로 내 속도가 체감되지 않았다. 돌이켜 보니 나는 지독하게 끈질긴 인간이다. 예전 남자친구가 그랬다. 너는 아무것도 양보하지 않는다고. 그게 우리 이별의 이유였을까. 어쨌거나 그 말이 맞는다. 이룬 것은 없을지언정 포기한 것도 없다. 달성해야 한다는 강박이 없을 뿐, 항상 무엇인가를 이행해 오고 있었다. 비정형적으로.

마지막 회사를 그만뒀을 때 한 후배 기자는 "또 그만두셨어요?"라고 물었다. 또. 또. 또? 놀라웠나 보다. 도대체 뭔 생각으로 사는 건지 묻고 싶었을 것이다. 충분히 공감한다. 나도 가끔 나 자신에게 따져 묻곤 하니까. 도대체 무슨 맥락으로 사는 거냐고.

역행자

어떤 기자 선배가 그랬다. "그래도 너는 발 뻗고 자잖아."

어떤 사람들은 발을 못 뻗고 잘 때도 있단 말일까. 쪽팔리느니 죽어 버리지. 꼿꼿한 딸깍발이처럼 살아왔다. 안 그래도 쪽팔릴 일 많은데 나 스스로 쪽팔림 속에 들어가는 짓은 죽어도 못했다. 장점이라고는 뭐 하나 없다고 생각했는데 선배 말마따나 발 못 뻗고 잔 적은 없는 것 같다. 그 정도다. 딸깍발이는 딱 그 정도의 유용성밖에는 없다.

남편은 그랬다. 더럽고 구차해도 고개 숙이고, 그걸 밟고 올라가야 결국 뭐라도 쟁취할 수 있는 거라고. 맞는 말이다. 타협하고 고개도 숙이고 가끔 눈 감으면서 이를 악물어야 딸깍발이도 한 자리하는 거다. 그럼 더 이상 딸깍발이라고 불리지는 못할 테지만.

김미경 강사는 그러더라. "자존심? 그거 집에 두고 다니세요."

자존심을 집에 두고 다니는 사람들은 어디에서 만족을 느낀다는 걸까. 자존심을 구기고 구겨 옷장 속에 넣어 놨다가, 세상에서 받은 인정으로 환산한 돈을 가지고 산 명품 옷을 옷장에 걸어 놓을 때, 명품 옷이 구겨진 자존심한테 말이라도 건다는 걸까. "거봐, 잠깐 찌그러져 있으면 명품도 입고 그러는 거지."

나는 그렇다. 선배든, 남편이든, 천하의 김미경이든 나한테는 틀린 조언이다. 나는 이렇게 생겨 먹었다. 〈혐오스런 마츠코의 일생〉(2006) 정도 찍을 거 아니면, 자존심은 좀 갖고 다녀야 하는 거 아닌가. 세상 모든 것에 눈 감아도 내 속에서 일어나는 자기혐오에는 도저히 눈 감아지지가 않아서, 가끔 혼자 멍청한 짓을 하는 걸 알면서도 같은 선택을 되풀이할 수밖에 없는 인간인 것이다. 그 누가 와서 알려 줘도 못 고친다. 그렇다고 나 같은 사람들은 다 이 모양 이 꼴로만 살아야 한다는 건가.

슬프긴 하다. 발 못 뻗고 잔다는 선배는 한 언론사에서 인정받는 차장급 기자로 살아남았다. 양심에 좀 반하는 '야마'를 잡을 때도 있다고는 하지만, 물가가 그렇게 올랐다는데 아무런 체감을 못한다며 '법카'를 냈다. 나는 그 카드로 수타 우동을 얻어먹었고. 더럽고 구차한 것도 참아 냈다는 남편은 직장에서 초고속으로 승

진해 최연소 팀장을 달고, 최정예 부대를 꾸려 자신의 아이템으로 창업했다. 첫해부터 흑자다. 김미경 강사는? 말해 무엇 하랴.

물론 세상의 조언에 모두 귀를 닫았던 건 아니다. 『역행자』(자청, 웅진지식하우스, 2022)의 가르침대로, 셀프 마케팅에 제대로 나서 봐야지 맘을 먹기도 했다. 따란! 인스타그램을 시작하는 거다. 기어코 세상과의 마지막 연결 끈이었던 페이스북도 지워 버린 내가, 인스타그램을 이제라도 시작하겠다고 맘을 먹은 건 대단한 역행이었다. 제주도 한 달 살기를 하는 동안 인스타그램을 개시하려 했다. 첫 게시물도 올렸다. 그랬다가 인스타그램 릴스에서 인간 자기 개발서들의 침 튀기는 훈계를 하룻밤 꼬박 듣고는 앱을 삭제해 버렸다. 나에게 힘을 주겠다며 전시된 그 모든 이야기들이 나를 총공격하고 흔들어 댔다. 내 정신적 지주인 딸깍발이를 기어코 무릎 꿇리려 했다. 이건 아니다. 이 모양 이 꼴로 살더라도 나는 나답게 살고 나답게 망할 의무가 있다. 죽더라도 황보람 제로 버전으로 살다 죽어야지, '김미경 no. 24601'로 살다 갈 필요는 없는 거 아닌가.

사실 내가 애초에 SNS를 잘 못하는 핵심 이유는 멀미 때문이다. 어려서부터 멀미가 심했다. 차에 타면 고개를 처박고 억지로 잠을 청해야 버틸 수 있었다. 쉽게 바뀌는 그림과 풍경에는 적응하지 못했다. 싸이월드 미니홈피를 꾸미는 것 정도야 문제없었다. 남의

홈피는 일부러 방문하지만 않으면 안 볼 수 있으니까 취사선택이라도 할 수 있지, 요즘은 그렇지 않다. 기자 때는 정보 습득의 목적으로 페이스북을 살려 놨었다. 그러면서 내가 쓴 기사 하나 올리지 못하는 '쫄보'였다. 한편 남이 올린 게시물들을 보는 건 고역이었다. 하나하나 개별적으로는 문제가 없었다. 문제는 흐름이었다. '삼가 고인의 명복을 빕니다' 게시글을 보고 잠시 묵념하던 나는 바로 아래 뜬 쇼핑몰을 클릭한다. 한참 구경하다 정신 차리고 페이스북으로 돌아오면 '정치 이야기' 한 무더기, 치를 떨며 또 아래로 내려가면 '욜로!', 그리고 또 이어지는 '삼가 고인의 명복을 빕니다'…….

2022년 정권이 바뀌고 사람들이 너도나도 정치 훈수를 두기 시작하자 나는 더 이상 욕지기를 이기지 못하고 페이스북을 지워 버렸다. SNS 시대의 진정한 역행자!

페이스북을 보면서 정치 이야기를 해 대는 이웃들에게 질려 버리기도 했지만, 더 큰 문제는 내 정신과 마음의 분열이었다. 아무 개연성 없이 맞물려 있는 고통과 쾌락, 슬픔과 사기, 시기 질투와 평화의 게시물들을 정신없이 넘기다 보면 그 어떠한 감정이나 상태에도 몇 초도 머무르지 못하는 나 자신을 발견하고는 역겨움을 느끼지 않을 수 없었다. 감정의 변동성이 큰 나에게 SNS는 그야말로 구토 유발자였다.

그래도 어딘가에는 연결되어 있어야지. 그래야 세상이 나를 알지. 이건 뭘 하고 살든 디폴트였다. 내가 살아 있고 이런 생각을 하고 '이런 인간이다'를 보여 줘야 세상에 발 딛고 살아가고 인정도 받고 돈도 벌고 그렇겠지. 그건 맞다. 그래서 인스타그램이라도 시작해 보려 한 거다. 근데 웬걸. 인스타그램에 올라온 릴스들을 쭉 보다가 페이스북에서는 못 느꼈던 감정들이 올라왔다. 김미경 강사가 열변을 토한다. 자존심은 집에 두고 다니라고. 어떤 외국인이 말한다. 내일 죽는다는 전제로 오늘 100억을 주면 받을 것이냐고, 그만큼 당신의 하루는 소중하다고. 이런 이야기들. 내 마음을 막 파고들어서 꽃을 피우려는 말들. 10초면 사라져 버릴 환각. 세상은 사기 치는 것 아니고서는 돌아가지 않는다. 사기 회로. 나 또한 양념을 치지 않고는 인스타그램에 올릴 만한 게 없을 것 같다. 오늘도 나는 인스타그램 계정 만드는 것 하나에 이토록 고민스럽다.

『역행자』에선 그랬다. 자기 자신이 싫다고 거부하는 그것부터 역행해야 한다고. 그걸 못해서 당신이 그 모양 그 꼴인 것이라고. 나는 『역행자』를 비웃으며 던져 버릴 수 있지만, 그 책은 오늘도 교보문고 베스트셀러 섹션에서 나를 내려다본다. 김미경 강사 신간은 말할 것도 없고 마침 '마흔'에 대해서 쓴 그 신간을, 나는 영원토록 펴 보지 않을 것이다. 오늘도 고이 모시고 온 내 자존심 때문에.

외통수

인생에는 외통수가 있다. 나는 두고두고 그 수를 복기한다. 현재 벌어지고 있는 일들이 색인이 되어 그 외통수로 안내된다. 그 외통수는 마치, '내 인생을 망치러 온 나의 구원자'(영화 〈아가씨〉, 2016) 처럼 잊을 수 없는 무엇인가가 됐다. 불시에 그 과거로 끌려 들어가지 않고는 못 배기는 것이다.

2017년 1월. 충정로 '벙커1'에서 《곧, 바이》 전시회를 했다.

당시 나는 표창원 의원실 소속으로 박근혜 당시 대통령의 탄핵을 촉구하는 풍자 전시회를 공동 기획했다. 표창원 의원은 전략가였다. 탄핵에 있어서는 국회의원으로서 넘치도록 제 몫을 했다. 당시 의원들은 물론이고, 대선 후보였던 문재인 전 민주당 대표마

저도 박근혜 당시 대통령의 탄핵은 입에 올리지 못했다. 워낙 중대한 일이었다. 대한민국 역사상 온전하게 퇴임한 대통령이 드물다는 것이 국민들에겐 상처였다. 그런 일은 함부로 할 수 없었다. 더 중요하게는 정치적으로 셈법이 복잡했다. 잘못 추진했다가는 역풍이 불 수 있는 일이었다. 되도록 신중해야 했다.

표창원은 달랐다. 밀어붙였다. 표창원 의원실에서는 실시간으로 '국회의원 탄핵 찬성 명단'을 작성했다. 의원 300명이 탄핵에 찬성하는지, 반대하는지, 의견을 표명하지 않았는지 여부를 SNS에 실시간으로 업로드했다. 국민의 압박을 국회로 직접 불러오는 전략이었다. 탄핵을 원하는 국민들은 자신의 지역구 의원들에게 문자 폭탄, 전화 폭탄을 던지기 시작했다. 모든 의원실의 업무가 마비됐다. 국회는 난리가 났다. 우리 의원실은 국민 여론을 등에 업고 십자포화를 맞았다. 돌이켜 보면 이때부터 18원 후원과 같은 강성 팬덤과 빌런들의 화력이 시작됐다. 폭력을 불러들인 것이다. 적어도 내가 기억하기로는 그 압박으로 국회도 대통령 탄핵에 찬성표를 던지는 흐름으로 돌아섰다. 지역 주민들이 찬성표를 던지라고 압박하는데 지역구 의원들이 외면할 수 있겠는가? 탄핵 반대 의원 명단 공개가 역사적으로 어떤 평가를 받을지 나는 알지 못한다. 그러나 적어도 폭력적인 방식은 또 다른 폭력을 끌어들인다는 것은 여지없는 사실이었다.

　이런 의원실에서 탄핵을 촉구하는 전시회를 여는 건 자연스러웠다. 나는 사회부 기자 시절 위안부 전시회를 취재했던 인연으로 알게 된 고경일 교수님과 《곧, 바이》 전시회를 준비해 나갔다. 풍자만화 작가들이 작품을 냈고, 기획자들은 도록을 만들고 펀딩을 하며 국회 전시회를 준비했다. 장소 대관을 담당한 의원실에는 보수적인 국회 운영팀과 싸우는 임무가 부여됐다. 우리 전시회는 국회 허가를 받지 못했다. 단지 '풍자'라는 단어 때문이었다. 작품을 볼 것도 없이 '전시 불가'였다. 의원실 차원에서 싸우고 싸운 끝에 국회 전시 공간을 겨우 얻어 낼 수 있었다. 그때는, 우리도 그 작품이 전시될 줄 상상도 하지 못했다.

　전시 당일, 이구영 작가의 〈더러운 잠〉이라는 작품이 도착한다. 기간 내에 제출하지 않아 도록에도 실리지 않은 그림이었다. 이 작가는 전시 당일, 처음 보인 작품을 들고 당당히 입장했다. 그 그림은 화가 마네의 대표작인 〈올랭피아〉를 패러디한 작품이다. 나체의 박근혜 당시 대통령이 약에 취한 듯 누워 있고, 최순실 씨가 옆에서 시중을 들고 있다. 창밖으로는 세월호가 침몰하고 있다. 당시 작가들의 문제의식은 세월호 침몰 시의 국가 부재 상태, 그리고 작가들을 네 편 내 편으로 나눠 네 편의 지원을 끊어 버리는 '블랙리스트'

작성, 두 가지로 초점이 모여 있었다. 전시회 또한 '문화 예술계 블랙리스트'에 항거하는 문제의식으로 시작됐다. 대통령의 탄핵을 촉구하며 "곧, 바이" 하고 싶은 작가들이 모인 것이다. 전시와 연계된 공연이 끝나고 나서도 며칠간 아무 일도 없었다.

그러나 새누리당 보좌진들이 판을 짜면서 모든 게 달라졌다. 이런 게 기획이구나 싶기도 하다. 언제나 그랬듯 초점은 의도와 문제의식을 비껴갔다. 모든 시선은 '나체'로 집중됐다. 가장 막강한 힘으로 떠오르고 있던 '페미니즘'으로 프레임이 잡혔다. 블랙리스트나 국정 농단은 사라지고 나체 하나 남았다. 총공격이 시작됐다. 새누리당에서 시작한 공격은 페미니즘 진영에서 확산됐고 각 당 여성 의원들이 진을 짜고 비판 기자 회견을 하면서 강화됐다. 태극기 부대 수백 명이 국회 전시장으로 몰려왔고, 급기야 전직 장성이 앞장서 작품을 내동댕이쳐 훼손하기에 이르렀다. 국회 전시 사상 최고의 '흥행'이었다. 만신창이가 된 작품들은 충정로 '벙커1'으로 대피해 전쟁을 이어 나갔다.

국회 안에 우리 편은 없었다. 민주당도 선 긋기에 나섰다. 당시 유력 대선 후보였던 문재인 전 대표가 페이스북에 글을 올렸다. "부적절했다." 총공세령이었다. 민주당 윤리위원회에서는 표창원 의원에게 6개월 당직 정지를 내렸고, 안 보이는 데에서는 탈당을 요구했다. 의원은 나에게 해고를 통보했다.

해고 통보를 받고 그날로 의원실을 나왔다. 노동계에서는 "해고는 살인이다"라는 말을 한다. 당해 보니, 일리가 있다. 실제로 나는 한동안 감각 일부를 사용하지 못했으니까. 몇 달 동안은 거울 앞에서 고개를 들고 나를 응시하지 못했다. 천직일 수도 있었던 기자직도 던져 버리고 선택한 길이었는데 의도도, 예상도 못한 채 졸지에 벼랑 끝에 섰으니 삶에 자신이 없었다. 너는 페미니스트는커녕 여자도 아니라고 낙인찍힌 것 같았다. 받아들일 수 없었고, 받아들이지 않을 수도 없었다. 외통수. 이렇게도 저렇게도 할 수 없는 외통수였다.

다시 《곧, 바이》 전시회 기획 당시로 돌아가 본다. 한층 성숙한 나라면 어떻게 해야 했을까. 작품을 검열했다면 표현의 자유를 위배하는 것이고, 작품을 옹호했다면 성폭력 가해자가 된다. 기자 때도 그렇고 보좌진 때도 마찬가지다. 크게 일을 벌이지 않았다면, 아무 일도 없었을 텐데. '아무 일도 하지 않으면 아무 일도 일어나지 않는다'가 나에게는 따라야 할 지침이었던 것이다.

지금은 맞고 그때는 틀리다. 이건 영화에서나 할 수 있는 변명이다. 인생은 변명을 들어 주지 않는다. 그때도 지금도 나는 〈더러운 잠)이 문제가 된다고 생각하지 않는 페미니스트이다. 나 자신의 법정에서 위증할 수는 없다. 다시 돌아가도 다른 선택은 없다. 그때도 지금도 선택은 같다. 결과는 해고다.

해고 이후 몇 달 동안 나는 최선을 다해 나를 치유했다. 살려면 어쩔 수 없었다. 일종의 트라우마를 겪었던 것 같다. 오로지 벚꽃 아래에서만 그나마 마음이 깨지지 않은 상태로 하루를 보낼 수 있었다. 봄에 해고된 게 그나마 다행이었다. '따릉이'를 타고 서여의도 일대를 돌며 벚꽃 길을 달렸다. 벤치에 누워 벚꽃을 맞았다. 벚꽃 비가 아무리 내려도 마음은 건조할 따름이었다. 벚꽃이 나를 뚫지 못한 건 처음이었다. 벚꽃을 다시 알아볼 수 있을 때까지 벚꽃을 보고 또 보았다. 벚꽃도 나도 지칠 때까지. 벚꽃과 나 모두 감정의 외통수였다.

커리어가 그렇게 끊겨 버리자, 바빠서 못했던 것들이 최우선순위로 떠오른다. 진짜 인생 말이다. 임신과 출산, 육아로 나는 생애 가장 안온한 벙커로 잠적한다.

그리고 5년 뒤, 다시 충정로 '벙커1' 《굿, 바이》 전시회에 앉아 있게 될 줄은 꿈에도 몰랐다.

'쫄지마 시바'를 표어로 하는 '벙커1' 주인장 김어준 총수의 센

스답게, 일반 바닐라라떼는 없었다. 자의 반 타의 반 '(시)바닐라라떼' 한 잔을 두고 카페 테이블에 앉았다. 저 건너편에 이구영 작가님이 작품 디피를 손보고 있다. 옆 테이블에서는 〈평화의 소녀상〉 작가인 김운성 작가님이 지인들과 이야기를 나누고 있다. 김서경 작가님도 이리저리 바쁘시다. 한때는 함께 거친 돌풍을 온몸으로 맞은 사람들이지만, 이제는 나를 알아보지 못한다. 무존재로 인식되는 이 안온함이 나를 자유롭게 한다. 한때 조직의 일원이었던 자가 얼굴에 점을 찍고 나타나 인사도 없이 커피나 한잔하며 관찰하고 있으니.

이 전시를 기획했을 고경일 교수님은, 나에게 우리만화연대 사무국장 일을 제안하면서도《굿, 바이》전시회에 대해서는 언급하지 않았다. 나를 끌어들일 수 없다고 생각했을 것이다. 이미 나는 수차례, 이런 위험한 기획은 이제 하지 말라고 말씀드리기도 했다. 전시가 시작되기도 전에 이미 발을 빼놓은 것이다. 뉴스를 보고, 국회 보좌진들의 전언을 듣고 나서야《곧, 바이》의 후속작《굿, 바이》를 알게 됐다.

과거에 내가 했던 역할을 하는 듯한 사람들이 하나둘 카페로 들어온다. 풍자 전시회 작품들 속 주인공도 박근혜 전 대통령에서 윤석열 대통령과 김건희 여사로 달라져 있다. 나만 빠진 채,《곧, 바이》작가들은 《굿, 바이》에서 같은 레퍼토리를 반복하고 있다. 그들은 국회에서 풍자 전시회를 열었고, 쫓겨났고, '벙커1'에 와 있다.

5년 전 그때 '벙커1'에 앉아 나는 페이스북에 "대동강 맥주 아니었으면 죽었을 것 같다"라고 썼다. 이렇게 큰 사건에 내가 휘말릴 줄은 몰랐으니까. 그것도 풍자나 그런 것 때문이 아니라 '페미니즘' 때문에 고초를 겪을지는 생각도 하지 못했으니까. 여자인 내가 페미니스트들에게 공격받아 해고된다? 생각도 해 본 적 없는 일이었다. 십여 년 전부터 페미니즘 책을 읽고 강연을 듣고 기자 때는 취재도 한 내가? 정치의 세계란 그런 것이었다. 개인은 소거되고 프레임과 프레임, 극히 일부 정체성만 공유한 집단만 남는 곳. 내가 기획자였다고는 하나, 아무도 나를 쓸모 있는 정봇값으로 '인지'하진 않았다. 그럼에도 나는 '특정'되어 쫓겨났다. 정치판에선 개인은 소거되고 세력만 남는다. 세력과 세력이 부딪히면서 개인을 징계하고 정리하고, 아무개는 삭제해 버린다. 나 혼자만이 나를 잊지 않고 같은 자리에 앉아 5년 동안 같은 기억을 반복 재생하고 있다.

'벙커1'에 온 별다른 의도는 없었다. 그냥 격랑 속에 생동하던 과거가 그리웠던 것일지도, 대동강 맥주를 아직 파는지도 궁금했고 그런데 이날 전시회 참석은 일종의 신호였다. 나가면서 이구영 작가님과 김서경 작가님한테 인사한 게 고경일 교수님 귀에 들어간 거다. 신호. 황보람은 《곧, 바이》 전시회를 후회하지 않는다는 신호. 의도치 않게 나의 무의식은 또 자기 예언을 하고 있었다. '이곳이 나의 벙커다.'

며칠 뒤, 한창 아르바이트를 알아보고 있는데 고 교수님에게서 전화가 왔다. "보람 쌤, 조만간 봐요." 이미 우리만화연대 사무국장 제안을 거절한 상태였다. 고 교수님은 작가들의 권익 향상을 위한 협회 '작가 7 대 3'을 조직할 예정이라고 했다. 입맛은 변하지도 않는가 보다. 구미가 당겼다. 그렇게 다시 벙커로 들어간다. 언제 어떤 전쟁이 터질지 예상하지 못한 채로.

이후 나는 '작가 7 대 3'의 구체적인 모형을 그려 나가게 됐다. 그러는 동안 작가 모임의 구성원 몇몇이 검찰 조사를 받는다는 소식을 들었다. 계좌 추적이 들어왔다고 한다. 아직 이 모임이 어떻게 확장될지, 소멸할지 나로서는 알지 못한다. 그저 내가 해 나갈 수 있는 범위에서 '찍먹' 해 나갈 수밖에.

4장

총체적 가설 실패

맥락

인생에 맥락이 없어 보이는 건, 누락된 부분들을 재차 누락시켰기 때문이다. 누락된 것들은 맥락 형성에 일조하지 못한다. 웅크리고 있는 누락들을 주판 위로 끌어 올려서 함께 셈하지 않으면, 계산은 영원히 맞지 않는다. 사실 드러낼 수 없는 누락본들을 서자 취급하고 정당한 핏줄로 인정하지 않은 과오를 바탕으로 맥락 없어 보이는 인생이 계속된다.

차마 하지 못한 것이 있다. 어떻게 해야 할지 몰랐다고 하는 게 더 정확할 것이다. 2023년 4월 13일, 인천지법 324호 법정에는 가지 못했다.

국회 보좌진에 미련이 남은 것은 아니지만, 두고두고 화가 나는 기억이 있다. 오영환 의원실에서 첫 국정 감사를 준비할 때였다. 당시는 코로나 초기로 모든 것이 셧다운 됐다. 문제는 돌봄 기관이었다. 어린이집이든 유치원이든 학교든, 돌봄과 교육 외에 중요한 역할이 있다. 바로 '감시'다. 아이들의 등원 여부와 등원한 상태가 감시할 신호가 된다. 어떤 아이들에게는 하루 한 끼를 제대로 먹을 수 있는 기회이기도 하다. 코로나라는 놈은 그런 걸 노린다. 전 세계인이 감염된다고 해도 어지간하면 며칠 좀 앓아눕고, 몇 달 좀 무기력하면 그만이다. 그런데 노인 또는 중증 환자는 코로나 그 자체로 목숨을 잃기도 하고, 어떤 경우에는 코로나가 살인을 야기하는 환경을 조성하기도 한다. 어린아이들에게는 특히 그렇다.

아동보호전문기관에서 일하는 후배에게 들어 보니, 조금 민감한 사람들이 초기 신호를 포착해 경찰에 신고해도 돌아오는 반응은 다소 미온적이었다고 한다. 아이의 비명을 신고했더니, 현장에 온 경찰은 '소음' 정도가 낮아서 조사할 수 없다며 돌아갔다고 했다. 얼마나 많은 신호가 뭉개지고 있을까. 덜컥 겁이 났다. 코로나는 그나마 있던 미약한 신호들을 묻어 버릴 것이 틀림없었다. 대한아동학대방지협회에 전화를 걸었다. 코로나가 끝나면 몇 명이나 죽은 상태로 발견될지 모르겠다며, 우리는 동의하며 함께 울었다. 사실일 수밖에 없는 예견이었다. 경찰 출신 선배에게 물어봤다. 경찰들이 아동 학대에 미온적으로 대응하는 걸 어떻게 바꿀 수 있겠느냐고. 특히 '나와바리' 경계에 있는 곳들은 어떻게 커버하고 있느냐고. 선배는 질의해 봤자 소용없을 거라고 했다. 신경도 안 쓸 거라고.

행정안전위원회 소속인 우리 의원실에서 다뤄야만 했다. 코로나 초기인 만큼 경찰과 관련 기관들이 긴밀히 공조해 대비해야만 했다. 코로나 기간에 아동 몇 명 실종, 몇 명 사망. 이런 걸 관망만 할 수는 없지 않은가. 나는 경찰의 아동 학대 신고 대응에 대한 질의서를 준비했다. 의원은 이렇게 평가했다. "좋은 내용이긴 한데요. 임팩트가 좀……."

그래. 임팩트는 누군가 죽어야 생기지. 나는 그 질의 외에는 더 의미 있는 걸 찾지 못했다. 국정 감사 준비도 엉망이 됐다. 될 대로 돼라. 단독 기사가 될 만한 질의를 몇 건 더 했지만, 나도 감흥이 없었다. 진짜 짚어야 할 건 따로 있었다.

국정 감사가 끝나고 얼마 후, 양천구 입양아 학대 사망 사건(이하 '정인이 사건')이 보도됐다. 정말 욕이 튀어나올 정도로 화가 났다. '정인이 사건'은 수많은 구조의 신호가 어떻게 무참히 무시될 수 있는지 전형적으로 보여 줬다. 힘겹게 양부에게 걸어가는 어린이집 CCTV 속 정인이를 떠올리면 나는 살아 있는 게 부끄럽고, 어른인 게 처참해서 견딜 수가 없었다. 자기 발로 죽을 길로 걸어가는 두 살짜리 아이의 발자국 하나하나가 십자가였다. 그 힘겨운 발걸음 앞에 죄인일 수밖에 없었다. 죄인인 내가 그나마 한 건 대한아동학대방지협회에 월 3만 원 후원을 시작한 것뿐이었다. 벌금이나 다름없었다. 무력한 어른이라는 죗값.

'정인이 사건' 이후에도 숱한 사건들, 수천 명의 실종 혹은 죽음은 당연히 계속됐다. 벌금 좀 낸다고 될 일이 아니었다. 더 적극적인 방법을 찾고 싶었다. 그게 속죄하는 길이었다. 그러다 의자에 16시간 묶여 고문당하고 새벽부터 성경 필사 학대를 당하다가 사망한 인천 초등학생 학대 사망 사건(이하 '시우 사건')을 접하고, 더 이상 면피만 할 수 없다는 절망감에 휩싸였다. 대한아동학대방지협회 온라인 커뮤니티에 올라온 내용들을 보며 '시우 사건'을 추적해 보았다. 기사로 접한 것보다 끔찍했다. 그리고 '시우 사건'의 첫 공판일인 4월 13일, 나도 무언가 행동하고 싶었다.

회원들의 활동은 '엄벌'을 중심에 두고 있었다. 엄벌에 반대하는 사람이 있겠느냐마는 조금 더 생각해 볼 부분은 없을까. 나는 괜히 시우의 학대자인 친부와 계모, 그리고 시우의 동생이자 계모의 친자가 마음에 쓰였다. 부부를 엄벌에 처하면 시우의 동생은 어떻게 되는 거지. 고민되지 않을 수 없었다.

아동 학대 사건이 나면 가장 발 빠르게 일어나는 일은 선과 악의 가름이다. 피해자는 선이고 가해자는 악이 되는 간단한 논리다. 그렇게 갈라놓고 나면 모든 것이 아주 명확해진다. 천하의 사이코패스, 악마의 발현이라고 할 수 있는 아동 학대자들은 죽어 마땅해지는 것이다. 필연적으로 활동가들은 재판정 앞에서 1인 시위를 하고, 엄벌을 촉구하는 탄원서를 제출하는 방향으로 운동을 전개한다. 시우의 계모도 시우를 새벽부터 깨워 성경 필사를 시키고, 동생의 사탕을 먹었다는 이유로 아이를 도둑으로 몰아 족치고, 주변에 뾰족하다 싶은 모든 물건으로 시우 다리를 수백 차례 찌른 악마다. 친부는 이 모든 과정에서 그저 고개를 돌려 버린 철저한 방관자이자 적극적 학대자였다. 계모는 도대체 왜, 눈엣가시보다 싫은 시우를 친모에게 보내 주지 않았을까. 정인이 양모는 왜 첫째를 키워 본 경험이 있는데도 정인이의 모든 행동을 과도하게 교정하려 하고 끝내 때려죽이는 데 이르렀을까. 이런 아동 학대자들을 엄벌하는 것만큼이나 중요한 것은, 아동 학대로 이르는 일종의 정신적인 악의 고리가 아닐까. 나는 이 지점에 오랫동안 머물렀다.

'시우 사건'의 첫 재판 날까지 나는 밤을 꼬박 새우며 시우의 이야기들을 따라갔고, 온몸을 두들겨 맞은 듯 아팠다. 가장 아픈 부분은, 내가 시우를 위해 엄벌 탄원서를 모으고 피켓 시위에 동참

하는 것조차 이토록 따져 대는 사람이라는 것이었다. 도무지 명백한 지점에는 서 있지 못하는 나라는 인간은 겁쟁이인가, 비겁자인가, 혼자만 잘난 척하는 그런 종자인가. 어디에 소속되지 못하는 건 회사에서만이 아니었다. 나는 아이들을 지키는 일에도 협력자는 아니었다.

나쁜 피

언제까지나 '엄마'라는 상징에 집착할 수밖에 없는 나로서는 정인이와 시우 같은 아이가 '두 번째 엄마'를 만나려면 어떤 게 선행되어야 하는가의 고민을 계속하게 된다. 시나리오도, 창업 아이템도, 내 인생의 가장 마지막 지점까지 붙들고 있을 화두도 '두 번째 엄마'로 모두 설명될 수 있을 정도다.

처음 장편 시나리오를 구상할 때 떠오른 장면도 '피'에 관한 것이었다. 피에 대한 일종의 증오나 원망이 반영된 장면이었다. 이 장면을 중심으로 시나리오 일부를 써서 한국예술종합학교(한예종)의 평생교육 프로그램인 장편 극영화 시나리오 입문 과정에 가져갔을 때 교수님은 말했다. 영화적 상상이 시작된 것은 확실한데, 시나리오를 쓸 수 있을지는 스스로 검증해 봐야 한다고 이후 시나리오 수업과 드라마 수업을 수강한 건 그 한마디 때문이었다. 장면을 떠올리긴 하지만 시나리오까지 써 내려갈 능력이 나에게 있는지 검증하고 배워야 했다. 나는 쓸 수 있다고 자신했다. 왜냐하면 이건 내 인생의 화두였고, 내 인생의 여정을 고스란히 담아낼 수밖에 없는 이야기였기 때문이다. 가제는 「마이마더」다.

「마이마더」를 구상하면서 내가 이 소재를 떠올린 건 우연이라고 생각했다. 그런데 다음으로 이어진 단편 시나리오가 「캣맘 순애」로 나타났을 때, 나는 어쨌거나 이걸 다룰 수밖에 없는 인간이란 걸 깨달았다. '두 번째 엄마'라는 사회적 기업 아이디어를 떠올리면서 아예 쐐기가 박혔다. 나에게 화두는 '엄마'구나. 벗어날 수 없는 화두구나.

무신경한 손이 내 인생을 주관하는 보이지 않는 손이라고 줄곧 생각해 온 나는, 그 손을 처치해 버리면, 더욱 순수한 나 자신을 만나고, 내 영혼을 마주하고, 시니컬하고 우울한 정서와는 거리를 두고 가뿐해질 것만 같았다. 할 수 있다면 명상을 통해 내 모든 업보를 알고 싶었다. 채무 관계를 청산해 버리고 싶었다. 할 수 있다면, 하고 싶었다. 그냥 놓아 버려도 되는 건지, 다음 생에 관계가 이어지지 않으려면 어떠해야 하는지 실마리를 얻고 싶었다.

그런데 아무리 생각해 봐도 계산이 안 맞는다. 채무 관계가 일대일로 성립되지 않는다. 모든 채무에는 이자가 붙고 타인에게 변제의 책임이 전가되고 때로는 전복되면서 다른 이의 업과 얽혀 한 뭉텅이가 되어 버린다. 아무리 신이라도 이 복잡한 방정식을 풀어내 다음 생에 성립하는 업의 관계 쌍을 맺을 수 없다. 아니, 신이라면 이렇게 복잡하게 업보의 인간 쌍을 구성할 이유가 있을까. 삼류 인간극장에 취미가 있을 리도 만무한데. 이 모든 건 신과 관련 없이 인간들이 벌이는 한바탕 소동일 뿐이다. 전생, 현생, 후생을 운운하는 것도 스스로를 대단한 존재로 착각하는 것에 불과하지 않을까.

나름의 결론. 우주 안에서 인과율은 적용되지만, 일대일 함수 관계는 아니다. 끝없이 이어지는 다대다 업보 관계. 연쇄 채무. 빚쟁이 한 명을 처치해 버려도 채무 정산이 안 된다. 도무지 청산이 안 되는 빚이다. 그 빚이 전생에서 온 것이라면? 신이시여. 인간에게 너무도 가혹한 것 아니시옵나이까.

전생의 인연이니 악연이니 그런 건 너무도 가학적이다. 무고한 어린아이들이 학대당하고 맞아 죽는 세상을 노려보며 업보 계산기를 두드리는 존재는 상상할 수가 없다. 있다면, 그것은 신이라고 불릴 자격이 없다. 인격신은 더더욱 아니고 신이 있다면 인간의 삶과는 아무런, 그야말로 아무런 상관도 없는 신일 것이다. 최고의 무심함을 이룬 존재. 그러한 존재가 계획이나 목적 따위를 가질 리 없다. 고로 나라는 인간에게도 부여된 계획이나 목적, 소명은 없다.

　세상의 인과율, 절대로 평등하지 않게 쏠리는 어떤 인과를 생각할 때, 아동 학대 피해자들을 떠올리게 된다. 세상의 악의 인과를 모두 짊어진 아이들. 십자가를 진 예수가 있다면 이 아이들이 아닐까. 세상이 풀어내지 못한 인과 관계가 엉켜 어떤 인간들에게 악으로 발현되고, 그 악을 고스란히 온몸으로 받는 아이들이 있다면, 그 아이들이 우리의, 이 세계의 모든 죄를 대속하는 예수님이나 다름없을 거라고. 나는 그렇게 생각하지 않고서는 정인이나 시우의 죽음을 납득할 수 없다. 화목한 가정과 행복을 주심에 하나님께 감사한다면, 그런 '기본값'을 갖지 못한 사람들은 어떤 감정으로 살아가야 할까. 상대적 행복은 너무도 폭력적이다. 어쩌면 수치스러운 일일지 모르고.

　내가 행운아였음을 인정하지 않을 수 없고, 이 모든 게 우연일 뿐이라는 사실을 체감할 때면, 그리고 어른이 되지도 못한, 미처 자신의 여정을 떠나보지도 못한 아이들이 떠오를 때면, '감사'를 읊조리며 행복해하는 나 자신이 싫었다. 빚지지 않은 행운이란 애초에 존재하지 않아서, 이 빚을 어떻게 청산해야 할지, 조금 덜 웃을 수 있다면 그러고 싶은 적도 많았다. 이런 마음으로는 도저히 지극한 평온으로 가고 싶지 않다.

무신경

물고기 일곱 마리를 죽였다.

좁은 어항 속 구피들은 교배에 교배를 거듭하면서 점점 추한 꼴이 된다. 아마도 한정된 유전자 풀 안에서 돌고 돌아서 그런 것이 리라. 꼬리도 색깔도 대가 내려갈수록 볼썽사나워진다. 그렇게 숫자가 많아지다 보면 하나하나의 개체성은 지워지고 그저 '떼'가 된다. 아니 애초에 개체성은 허구의 개념일지 모른다. 무신경한 손이 물을 갈아 주다가 몇 마리를 배수구로 떨군다. 어려서 그런 걸 몇 번 보고는 어항 속 물고기가 싫었다. 무신경한 손과 구피 떼는 어쩐지 한 쌍처럼 느껴졌다.

장모님이 좋아하신다는 이유로 남편이 여러 종류의 물고기를 담은 어항을 선물하려고 했을 때 극구 말린 것도 그래서였다. 미래가 빤히 보였다. 결국 몰살이지 뭐. 생명력 강한 구피와 새우 몇 마리만이 목숨을 부지하고 나머지 종은 전멸됐다. 그러고는 차차 구피의 수가 늘었다. 그래, 이제 볼썽사나워질 차례다.

엄마가 쌓아 올린 구피의 생로병사 도식을 알 리 없는 다섯 살 아이는, 물고기를 제집으로 가져오고 싶어 했다. 반복하고 또 반복하고서도 기어코 반복해 내고야 마는 인간. 아이의 바람대로 구피 일곱 마리가 우리 집으로 옮겨 왔다.

마주치지 않을 수 없는 덩그런 눈. 구피들이 싫었다. 예상대로 모든 구피 관련 잡일은 나에게 돌아왔다. 어항을 들여다보는 것도 나뿐이었다. 일말의 애정도 없었다. 그저 무신경한 손이 되지만 않길, 나는 그 손과는 다르다는 걸 입증하고 싶었다. 구피와 물뿐인 어항. '조금 썰렁한가', '산소는 충분할까'. 역시, 생각은 문제를 불러 낸다.

생각은 기다렸다는 듯, 사건을 만나 임의로 꼬인다. 생각도 살아남으려고 전략을 짜는 건가. '아이가 유치원에서 입학 선물이라고 반려 식물을 받아 옴.' 사건 발생. 숙제는 또 내 담당이 됐고, 마침 수생이 가능한 식물이라는 점이 레이더에 포착됐다. 그게 문제였다. 튤립을 수생으로 꽃 피워 본 터라 자신이 있었다. 죽이지 않을 자신. 난 무신경한 손이 아니니까. 다르다는 확신, 그게 제일 문제였다.

'조금은 썰렁한 구피 어항', '산소 공급', 그리고 '수생 식물'. 로직이 완벽히 들어맞았다. 더 고민할 것도 없이 식물을 어항에 넣었다. 낯선 호의에 당황한 듯, 구피 떼는 식물을 피해 한데 몰려들었다. 곧 익숙해지겠지. 미처 물고기의 '카밍 시그널'을 이해하지 못했다. 그건 정말 큰 문제였다.

몇 시간 후 들여다보니 구피 다섯 마리가 죽어 있었다. 식물 뿌리에 칭칭 감긴 채. 좁은 어항 속 자리를 차지한 뿌리는 흡사 저 인망처럼 작용했다. 그렇게 다섯 마리가 죽었다. 내가 친 그물에 걸려서. 눈을 덩그렇게 뜨고는.

지겹도록 반복하는 인간. 남은 구피들이라도 살리고 싶었다. 속죄하는 마음으로 남은 두 마리에게는 아침 인사도 하고 조금의 애정을 두었다. 배는 항상 불룩한데 새끼가 나올 것 같진 않았다. 동성인가 보다. 너희까지만이다. 반드시 살려야 한다.

3박 4일 대구 시댁으로 내려가는 일정을 물고기들과 동행했다. 밥을 줘야 하니까. 사실 물고기의 장거리 이동 자체가 재앙이 될 수 있다는 음울한 기운이 스치긴 했다. 그래도 굶어 죽는 것보다는 가능성이 낮았다. 다른 사인은 몰라도, 굶어 죽는 건 명백한 내 잘못이니까. 그것보단 나았다. 다행히 물고기들은 차 안의 흔들

림에도 끄떡없이 버텨 주었다. 그리고 대구에서의 둘째 날 아침, 얼어 죽어 있었다. 가끔 물이 차면 물고기들이 동상에 걸린 듯 얼어붙기도 하잖아……. 한낮 해 아래 어항을 두어 보았다. 허옇게 부패한 물고기들이 더욱 둥둥 떠올랐다.

물고기 일곱 마리를 죽였다. 그리고 오랫동안 생각해 온 아이러니 하나가 고개를 들었다. 최선을 다해 최악으로 향하는 인간들의 스탠딩 쇼. 인과 관계에 대한 지독한 오해.

영화 〈미스트〉(2007)에서 주인공은 정체를 알 수 없는 안개 속의 괴물과 사투를 벌이며 가족을 지키기 위한 수많은 선택을 감행한다. 그리고 종국에는 목숨을 건 그 모든 선택들을 차라리 하지 않았어야 했음이 드러난다. 〈미스트〉는 인간의 의욕과 노력이 무력하다 못해 때로는 악하기까지 하다고 말하고 있다.

정체를 알 수 없는 소리는 나를 죽이러 온 괴물일까, 구하러 온 탱크일까. 판단이라는 건 도대체 무슨 효용이 있을까. 내가 세운 세계와 가설들, 이를테면 구피의 세계 같은 것들, 어디 하나 쓸모나 있을까. 허무해야 할까. 오히려 편안해져도 될까. 무신경한 손이 조금만 더 따뜻했다면 이런 우울에 젖지 않을 수 있었을까. 혹시 내가 조금 더 무신경했더라면 구피들이 살아 있지는 않았을까. 새끼를 낳았을까. 그러다 또 그렇게 꼴사나운 모습으로 전멸되진 않았을까. 조금 더 신경 썼더라면 사랑이는 개고기가 되지 않을 수 있었을까. 돈희는 털이 복슬복슬한 채로 편안하게 살아갈 수도 있었을까. 내가 할 수 있는 게 있기나 했을까. 나에게 기대되는 역할 따위가 있기는 한 걸까. 그래서 신이 필요한 걸까.

무신경한 손이 배수구로 흘려 보낸 몇 마리인지 알 수 없는 구피들과, 낚여 죽고 얼어 죽은 일곱 마리 구피들. 이 두 가지 죽음의 책임을 두고 서로 다른 판결이 내려질 수 있을까. 늙고 병들었다는 이유로 개장수에게 팔려 간 우리 사랑이와 털 깎으러 갔다가 안정제 과다 투여로 죽은 돈희에 대해, 내가 무신경한 손을 가중 처벌해 달라고 탄원할 수 있을까. 사랑이와 돈희와 구피 일곱 마리의 최후를 다루는 재판장에서, 무신경한 손과 내가 동일한 혐의임을, 어쩌면 공범임을 인정하지 않을 도리가 있을까. 나와 무신경한 손 사이에 유의미한 차이라고 확신했던 게 도대체 뭐였을까. 그 차이란 게 실상 너무도 미미하거나, 차라리 동일하기까지 하다는 사실은 나에게 불행인 걸까, 오히려 해방인 걸까. 설마 이건 용서의 시작일까. 사실 용서라는 것도 우리 사이에 성립되지 않는다는 명백한 근거는 아닐까.

오랫동안 무신경한 손을 미워했다. 그 손과 멀어지려고 온몸으로 절규한 때도 있었다. 그 무신경이 나와는 다른 형질의 것임을 확인하려고 발버둥 쳤다. 나의 20대는 온전히 무신경한 손에서 멀어지는 데 헌신됐다. 그 손과 나를 철저히 다른 개체로 분류하는 세심한 과정에 젊음을 꼬박 내던졌다. 평생에 걸쳐 수행한 비교 분석. 결과는 만족스러웠다. 자신이 있었다. 우리는 다르다. 나에게는 이타심이 있으니까. 눈물이 있으니까. 인간 분류표를 만든다면, 그 손과 나는 가장 멀찍이 떨어져 있는 것이 분명하다. 그렇게 서서히 몸과 마음을 독립해 나갔다.

첫 직장을 얻고는 친구네 집 소파를 포스트 삼아 몇 차례 집을 나왔고, 아빠의 회유로 머지않아 돌아가야 했다. 조금은 오래 버틸 만한 기자라는 직업을 갖고 나서야 완전히 집을 나올 수 있었다. 더는 회유조차 시도될 수 없도록 흔적도 남기지 않고 짐을 쌌다. 친구와 떠난 발리 여행 끝에 집으로 돌아가지 않았으니까. 보증금 없는 45만 원짜리 고시원에서 첫 잠을 자던 날, 내가 그간 미간을 찡그리며 잠이 들었다는 사실을 알게 됐다. 아무런 긴장감 없이 눈을 감는 건 신선한 경험이었다. 해방이었다.

물리적으로 맞닿지 않으니 감정이 폭발하는 주기가 길어졌다. 아무도 버튼을 누르지 않으니까. 버튼을 없애는 유일한 방법은 쌍방의 진솔한 사과와 용서뿐이니까. 사과할 리 없는 사람과 용서를 모르는 사람의 조합. 피하는 것 외에는 방도가 없었다. 결혼을 하고 아이를 낳고는 조금 타협해 보기도 했다. 아이와 할머니의 관계는 나에게 전권이 있지 않다는 생각에서였다. 최소한의 접점만 허용하고 싶었다. 역시나 무리였다. 아이 앞에서 버튼이 눌려 버린 어느 날, 집으로 돌아가는 길에 주저앉아 울어 버렸다. 네 살밖에 안 된 아이가 내 편을 들며 아부하기 시작했다. 무조건적으로 나를 옹호했다. 다시는 할머니 집에 가지 않겠다면서. 나도 아는 감정. 생존 본능에 가까운 무조건적인 사랑. 아이는 살려면 판단을 보류해야 한다. 잘잘못을 가리는 건 사치다. 무조건 생존에 유리한 편에 서야 한다. 부모가 자식을 무조건적으로 사랑한다는 건 성급한 일반화의 오류다. 무조건적인 사랑은 아이 쪽의 숙명이다. 살려면 별수가 없다. 약자가 할 수 있는 선택은 조건 없는 매달림뿐이니까. 부모를 미워할 수 없는 아이는 세상에서 가장 불쌍한 존재다. 나는 이 마음을 안다. 아이의 처절한 생존법을 보고서는 더 이상 버튼을 외면할 수 없게 되었다. 때려 부숴서라도 없애야 했다.

오랫동안 사과와 용서라는 성립되지 않을 수식을 갖고 도무지 결론을 낼 수 없는 스토리를 붙잡고 있었다. 죽음에게로 미뤄 뒀던 결론을 이제는 찾아야 했다. 그렇지 않으면 내 아이가 의도치 않게 이 스토리를 상속받을지도 모른다. 종지부를 찍을 안전한 반전이 필요했다. 그리고 찾아냈다. '놓아 버림'.

처음으로 감독의 시선에서 버튼이 작동하는 모습을, 그것을 재연하는 배우들을 객관적으로 지켜봤다. 둘은 서로를 숨 막혀 하면서도 한 무대 위에서 수십 년의 스토리 얼개를 반복한다. 무신경한 손은 상대 배우가 무슨 말을 지껄이는지 알아듣지도 못한다. 발광(發狂)하는 눈의 배우는 사과를 요구하며 무신경한 손을 더욱 끌어당겨 멱살을 쥔다. 무신경한 손은 벗어나려고 안간힘을 쓰며 밀어내다가 자신도 모르게 버튼을 눌러 버린다.

붙잡고 있었던 건 나였다. 무신경한 손은 단 한 번도 나를 붙잡은 적이 없었다. 내가 놓으면 다 끝나는구나. 단 한 번도 생각해 본 적 없는 반전이었다. 피해자는 내가 아니었다. 나는 오히려 가해자에 가까웠다. 무신경한 손은 그저 무신경할 뿐이었다. 스토커는 나였다.

형편없는 연기에 진부한 스토리. 무엇보다 그 둘에게 감정 이입이 전혀 안 된다. 깔끔하게 마지막 신을 찍고 놓아 버리자.

무신경한 손에게 무신경해지자, 정말 아무런 일도 일어나지 않았다. 적막한 공기도, 긴장감도 더 이상 없었다. 쌍방의 무신경은

평화였다. 평화로운 결별, 결말이었다. 관객 하나 없는 무대의 엔딩으로 충분하다. 더 욕심부릴 이유가 없다. 용서고 화해고 뭐고 내가 할 수 있는 건 애초에 없었다.

스토리를 털어 내고 나니, 뭐랄까. 뭐라고 해야 할까. 사방이 모두 뚫려 있어서 도무지 어디로도 갈 수 없는 복판에 떨어진 느낌이었다. 원동력을 잃었다고 해야 하나. 악다구니라도 쓰며 살아왔는데 너무 인생이 쉬워졌다고 해야 하나. 뭐랄까. 살아야 할 이유를 조금은 상실한 기분도 드는 거다. 너무 살기 싫어서 죽고 싶을 때는 간혹 있었다. 그렇지만 딱히 살 이유를 몰라 난감한 건 처음이다. 바닷속 깊이 침잠해, 도무지 수면 위로 올라가야 하는 이유를 찾지 못하는 영화 〈그랑블루〉(1988)의 자크처럼. 삶과 죽음의 경계가 무너진 자리로 다시 돌아왔다.

붕괴

한때 여행 에세이를 혐오했다. 기만적이라고 생각했다. 자기가 놀고 먹고 온 영수증을 책이라는 형태로 독자들에게 내미는 것처럼 느껴졌다. 공간도 그날의 날씨도, 맛도 자유로움도 그 어느 하나 독자에게 실질적으로 제공해 주지 못하면서 대리 충족 비용을 내놓으라는 것 아닌가 싶었다. 비양심적 비즈니스라고까지 매도한 책도 있었다.

솔직히 말하면 에세이 자체에도 비슷한 감정이었다. 이 책을 쓰면서, 게다가 여행 이야기를 풀어내게 된 이상 양심 고백은 해야 할 것 같다. 『사는 게 뭐라고』(사노 요코 지음, 이지수 옮김, 마음산책, 2015) 같은 에세이를 무진장 좋아하면서도, 그 정도 책이 아니면 대체 무슨 가치가 있느냐고 쉽게 뱉은 말들을 회수할 방법은 없겠으나, 이렇게라도 밝혀 두어야지 그나마 좀 덜 찔릴 것 같다. 책을 쓰면서, 그것도 『저니』라는 책을 쓰면서 여행 이야기를 안 쓸 수 없는 상황이 되니 부끄럽기 그지없다.

백수기를 몇 차례 반복하고 나서야 비로소 공백을 음미할 줄 알게 됐다. 그간의 자의 반 타의 반 백수 생활은 후일을 도모해야 한다는 절박감이 등을 떠민 탓에 조금만 느슨해져도 죄인이 된 심정이었다. 실컷 만화책 읽고 영화 보러 다니는 걸 스스로 허용하지 못했다. 이제는 다르다. 오히려 반대가 됐다. 영원한 퇴사를 하고 나니, 남들이 일하는 만큼 열심히 삶을 채워야 한다는 달콤한 압박이 찾아왔다. 다소 방치됐던 삶의 공백들이 이제는 좀 자신을 들여다보라고 아우성치며 나를 생채기 낸다. 이제 나는 그것들을 어르고 달래고 치유해야 하는 지경에 이르렀다. 남들이 들으면 부러워 짜증 날 만한 그 지경이다. 양심의 가책 없이 놀아야 한다!

누군가 그랬지. 지금 당신이 머물고 있는 나라에서의 모습이 자신의 진짜 모습이 아닐 수도 있다고. 나의 진면목을 찾기 위한 숙고의 시간으로 1년에 두어 달도 보내지 못한다면 죽을 때 억울할 것 같았다. 언제 있을지 모를 '은퇴'라는 환상적 개념에 의지해 지금의 가능성을 저버릴 수는 없었다. 나에게 '속박되지 않음'은 곧 이

동과 머무름의 자유를 뜻하기도 했다. 그래서 영원한 퇴사는 자연스러운 결론이었다. 1년에 적어도 두 달은 다른 나라, 다른 지역에 살면서 나에게로의 여행을 떠나야만 했다.

한 달 살기는 그저 하나의 상징이다. 사는 동안 몇 번의 벚꽃을, 몇 번의 가을을 맞을 수 있다고 태평히 방관해 왔던가. 벚꽃을, 가을을 합당히 대접해야 한다. 만끽해야 한다. 끽연가들이 담배를 못 잃듯, 봄에는 벚꽃을, 여름에는 계곡을, 가을에는 부산국제영화제를, 누가 뭐라 해도 연례행사로 즐기리라. 한 점의 바람도 낭비하지 않으리라. 겨울에는 겨울철답게 덜덜 떨리라. "겨울이 이렇게 추웠나?" 같은 얼빠진 소리는 더는 안 하리라.

5월, 그런 마음으로 제주도에서 한 달 가까운 기간을 살았다. 제주도 한 달 살기. 새로운 조건에서의 나를 발견하고 싶다는 생각. 이번 여행의 목표였다. 그 바람과 목표는 무참히도 이뤄졌다. 난생처음 나 자신이 얼마나 이기적인 인간인지 대면하게 되었으니.

몇 번의 퇴사를 하면서 숨고 싶을 정도로 부끄럽거나 한 적은 거의 없었다. 표창원 의원실을 나왔을 때는 딱 한 번 다른 사람에게 나의 퇴사를 사과하며 눈물 흘린 적이 있다. 기부금 단체였다. 몇 달은 버텼지만 더는 기부금까지 내며 살 수 없게 되었을 때, 나는 10년 가까이 유지해 온 네팔 아동 일대일 결연을 제외하고는 기부를 모두 해지했다. 그리고 며칠 후 혹시 해지가 '실수'인지 확인하기 위해 걸려 온 전화에 사정을 설명하다 울어 버렸다. 나의 퇴사와 빈털터리 신세가 남에게 미안한 건 그때가 처음이었다. 나는 참으로 이타적인 사람이었다. 밥값까지 쪼개 가면서 기부할 수 있는 인간은 아닐지라도 돈을 벌 때만큼은 누구보다 자발적으로 기부를 늘려 왔으니 스스로 '꽤 괜찮은 사람'이라고 자부했다.

그런데 제주도 파도는 내 자부심 모래 더미를 다 쓸고 가 밑바닥을 드러내 주었다. 파도는 비웃는 기색 하나 없이 나를 직격했다. 자연은 모든 것을 가르쳐 준다. 정말 그랬다.

남편은 제주도에 가기 며칠 전 무릎 수술을 받았다. 2년 전 교통사고에서 고장 난 게 이제야 확인된 것이다. 비교적 간단한 수술이고, 연골이 더 닳기 전에 수술하는 게 좋겠다는 의사의 권유에 따라, 장기 여행을 며칠 앞둔 상태에서도 수술을 감행했다. 그런데 퇴원하는 날 보니, 양쪽에 목발을 짚고 제대로 걸어 다닐 수도 없는 상태로 나타났다. 진심으로 짜증이 났다.

"며칠 뒤에 제주도 간다고 의사 선생님한테 말 안 했어?"

"했어. 가서 푹 쉬래. 요양하래."

제주도에 가면 한라산을 꼭 가고 싶었다. 이번엔 한라산을 꼭 올라야지. 매일을 수많은 오름들로 채워야지. 바다가 보이는 카페에서 이런저런 글을 쓰고, 파도에 맞춰 자연스럽게 깊은 명상에 빠져들어야지. 야무진 꿈이었다. 모두 무산! 남편이 '부재'한, 아니 쓸 만한 인간 하나가 비는 상황에서 '살기'는, '한 달 살기' 같은 말은 더 이상 일상적 용어가 아니다. 이때 '살기'는 '살아남기', 즉 '생존'과 동의어가 된다. 여섯 살 아이의 그 모든 일상을 내가 전담해야 했다. 해변으로 향하는 모래밭길, 제주도의 화산돌길 모두 목발 짚은 자에겐 무리. 하루를 꽉 채워 오롯이 바빴다. 서울에 있었으면 아이가 유치원이라도 가지. 고요한 명상? 그게 다 웬 말이야. 차분히 눈 감고 숨 쉬는 15분 동안 바람조차 사치였다. 아이가 내 책임이라는 걸 회피할 생각은 없으니 그건 그렇다 치자. 그런데 남편을 챙겨야 한다? 이건 다른 이야기였다. 완전히 다른 이야기였다.

한림공원에 갔을 때다. 시아버님은 목발 짚은 아들을 위해 휠체어를 빌려 오셨다. 손자를 태우고 휙휙 놀 때만 해도 휠체어를 미는 게 괜찮다고 생각하신 것 같다. 그런데 곧 휠체어를 내가 넘겨받고, 남편이 탔다. 낡은 휠체어에 탄 80킬로그램 남성, 갈 곳을 잃은 목발까지. 그걸 밀고 가는데 진심으로, 진심으로 이 사람을 버리고 싶었다. 남편은 미안한 기색도 없이 굳이 굳이 분재원을 둘러보고 싶다고 했다. 아이는 분재고 뭐고 개구리를 찾으러 연못에 가자고 졸라 댔다. 누구 말을 들어줘야 하나. 고민할 필요 있나? 난 분재도 싫어하는데? 오케이. 나는 저 휠체어를 밀지 않는다. 분재원에 가지 않는다. 휠체어를 버린다. 홀가분하게. 휠체어를 넘겨받은 시아버님은 당황하셨다. 휠체어의 무게가 새삼 와닿으신 듯했다. 무거운 짐 진 자들을 뒤로하고 아이와 연못으로 내달렸다. 아무도 따라오지 못하게.

한 사람이 제 몫을 못 하는 것을 넘어 누군가에게 짐이 될 때, 그를 대하는 가족들의 본질이 파악된다. 지극정성인 사람, 방임하는 사람, 도망가 버리는 사람……. 한림공원에서의 나의 도피는 일회성이었을까. 남편이 영구적으로 제 역할을 못 한다고 하면, 나는 그를 건사할 것인가? 재차 답할 필요도 없이 이미 공표되었다. 나라는 인간은 최우선 선택지가 도망이라는 사실이.

한때 이렇게 썼다. "내가 지금의 남편을 만난 것은 내가 잘 살았다는 증거이다. 안목이 있다는 증거이며 믿을 만한 인간이라는 증거이다. 내가 지금의 가족을 이뤘다는 것은 나는 좋은 사람이라는 뜻이다. 태생적으로 주어진 가족이 아니라 내가 꾸린 가족이 나의 증거이다"라고. 미래의 나에게 미안하고 부끄러운 적은 많았지만, 과거의 나에게 부끄러운 건 처음이다.

남편에게도 거듭 이야기했다. 나는 당신을 버리고 싶었다고. 이 말은 나에게 하는 말이기도 했다. 내가 내 몫을 못 하면 남편도 나를 버리고 싶겠구나. 그건 너무도 당연하고 인간적인 결정이구나. 서운할 것도 없다. 비난할 수도 없다.

나는 그저 내 인생을 감당하는 데에도 이토록 정신 사납게 고뇌하는 인간이라서 애초에 다른 사람을 부양할 능력이 없을지 모른다. 그게 내가 선택한 유일한 가족인 남편이라고 해도.

아이는 어떨까. '에너자이저'보다 더한 에너지로 살아 있는 우리 아이가 몸져눕게 되면 나는 어떤 엄마가 될까. 내 아이만은 내 책임이라고 단언한, 다섯 문단 전의 과거의 나에게 부끄러워질 일은 정녕 없을까. 결국 내가 나를 신뢰할 수 있는가의 문제가 된다. 나는 자신이 없다.

자신의 한계와 밑바닥을 안전한 방식으로 체험해 보는 건 참 좋은 일이었다. 나의 최우선 선택지가 도망이라는 사실을 확인하고 나니 마음이 좀 가뿐해졌다. 그동안 아무도 나에게 짊어지우지도 않은 짐을 가지고 무리한 가설을 세우고 중량을 달고 수선을 떠느라 무의미한 번뇌에 휩싸이지 않았나 하는 생각에 이르자, 나에 대한 일말의 확신도 놓아 버릴 수 있었다. 이타적 인간이기를 바랐던 감옥에서 탈주한 기분이었다. 물론 감옥은 잠겨 있지조차 않았다. 나가 버리면 그만이었다. 남들을 감옥에 가두는 일은 더더욱 있을 수 없는 일이었다. 『다정한 것이 살아남는다』(브라이언 헤어·버네사 우즈 지음, 이민아 옮김, 디플롯, 2021)를 교본 삼아, 이기적인 인간들을 누르고 이타적 연대체를 세우고자 했던 과욕도 수정하게 되었다. 내가 만났던 사이코패스, 소시오패스, 나르시시스트들의 명단도 불살라 버렸다. 내가 누굴 단죄하나. 결국 그 모든 모습은 나의 단면이기도 한 것을.

결론적으로 '한 달 살기'는 적어도 나에게는 본질을 호도하는 조어였다.

나는 제주도에서 한 달을 산 것이 아니라, 한 달간 시간을 보낸 것에 불과했다. '살기'의 조건이 하나도 성립되지 않았으니. 일단 내가 나와 지내는 시간이 절대적으로 부족했다. 신체적으로 혼자 있을 수도, 정신적으로 연결을 끊을 수도 없었다. 가족과 너무 붙어 있다 보니 나 자신이 너무 그리울 지경이었다.

여행은 삶이 아니다. 일순간의 도피. 그렇기에 여행으로부터 발견한 나 자신은 디폴트라기보다는 에러에 가까울지 모른다. 제주도에서 발견한 나도 일종의 '에러'라면, 코드를 수정하면 그만인 것일까. 요즘에는 도무지 확신할 수 있는 게 없다. 불확실성의 연속에서 도대체 무엇을 잡고 가야 할지 그 누구도 알려 줄 수 없고 알려 줘도 안 들을 테니. 내 삶을 똑같이 경험하는 것은 오직 나뿐이라서 애초에 타인의 조언을 구할 필요조차 없고.

제주도를 터전으로 삼은 사람들에게 '한 달 살기'랍시고 와 있는 사람들이 어떻게 보일까. '한 달 살기 열풍'은 어떤 의미일까. 일부에게는 자신들의 삶을 농락하는 것 같지 않을까. 제주도 사람들은 제주도 맛집에 가지 않겠지. '현지인 맛집'이라는 게 따로 있을 정도니. 여행과 살기의 여러 차별점 중 하나는 '우선순위'의 전복이다. 여행에서는 삶에서 도무지 앞서 세울 수 없는 것에 비중을 둔다. 여행이라는 공간과 시간적 제약을 최대치로 이용해야 하기 때문이다. 삼시 세끼 가능하면 맛집에 가고 허투루 때우는 일도 되도록 하지 않는다. 시간을 철저히 쓴다. 시간을 낭비하지 않기 위해 여타의 모든 것을 낭비한다.

이로써 퇴사의 한 요인이었던 '한 달 살기 프로젝트'는 시들시들 생명을 잃었다. 여행은 여행일 뿐 일상이나 인생이 될 수 없다는 걸 체감하고는. 물론 예정했던 10월 일본 한 달 살기는 치앙마이로 장소만 바뀐 채 진행한다. 거기에서는 또 어떤 나의 단면을 만날지 등골이 좀 서늘하기도 하지만.

제 자리

인생은 시나리오가 아니다. 스토리는 말할 것도 없고, '나'라는 캐릭터의 역할도 비중도 미리 정할 수 없다. 엔딩? 엔딩이라고 지칭할 만한 게 따로 있긴 한가. 어떻게 죽을 것인가. 혹은 어떻게 죽일 것인가. 두 가지 중에 결정해야겠지. 결정권이라도 있으면 그나마 행운이다. 어떻게 끝낼 것인지 아는 인간은 사실상 전무하다.

어떤 사람들은 자신을 조연의 위치에 둠으로써 스스로의 빛을 꺼 버린다고 한다. 이 말은 기만적이다. 스스로를 조연의 위치에 두는 사람은 없다. 모두가 주연의 인생을 산 것이다. 세상은 모두 자기중심으로 돌아가니까. 자기 식대로 해석하니까. 모두 주연으로 살고 있는 것이다. 애초에 주연이고 조연이고 경계도 없다. 다만 있다면 주인이고 노예이고 두 부류로 나뉠 뿐이다. 노예도 주연이다. 다만 스스로의 동력이 아닌 남의 힘으로 움직이는 것일 뿐. 꼭 두각시도 열심히 춤을 추고는 있다. 이것을 우리는 성실함이라고 부를지 모른다.

'영원한 퇴사'라는 도입을 정하고 『저니』를 구성하면서 나조차도 예측하지 못했던 스토리를 실시간으로 채워 나가고 있다. '또, 또, 또?'에 답할 맥락을 찾기 위해. 이제는 어렴풋이나마 이토록 헤맬 수밖에 없는 이유를 말할 수 있게 되었다. 제 자리 찾기. 마땅히 내가 서 있어야 할 곳, 그곳에 서 있는 것만으로도 나의 존재가 입증되는 곳. 딱 하고 자리를 잡고 서 있으면 그 이후부터는 모든 맥락이 자연히 풀려 나갈 곳. 지금까지 인생의 모든 여행에서 쌓은 마일리지를 한 번에 털어 버릴 수 있는 단 하나의 무대.

태양의 서커스를 보러 갔을 때, 배우들이 무대에 선 순간 느낄 수 있었다. 저들은 옳은 장소에 서 있다. 옳다 그르다가 무대와 무슨 관련이겠냐마는, 느낄 수 있었다. 저들은 자신에게 옳은 자리에 서 있다. 이날 공연에서 한 명이 줄에서 떨어진다고 해도 실패라 누가 말할 수 있을까. 누군가 컨디션 난조를 보인다 해도 문제 될 것 있을까. 모두 옳은 장소에서 옳은 행위로써 자신이 살아갈 의미를 증명했다. 공연이 채 시작하기도 전에 눈물이 흘러내렸다.

카이지는, 〈오징어 게임〉(2021)이 표절한 것으로도 이야기되는 만화의 주인공 카이지는, 도박판에서만 생명력을 얻는 인간이다. 도박판 이외의 모든 자리에서는 철저히 삼류다. 편의점 아르바이트조차 겨우 버텨 내며 도박 빚을 갚는 시늉이나 하고 사는 '인간쓰레기' 카이지는, 도박 빚을 도박으로 갚으라는 말 같지도 않은 말에 또 이끌려, 쓰레기 처리장만도 못한 삼류 그 이하의 인간들만 모인 곳으로 떨어져, 가히 눈을 뗄 수조차 없는 천재성을 발휘한다. 삼류 쓰레기 도박 중독자 카이지는, 사기가 난무하는 도박의 세계에서만큼은 신적 존재가 된다. 나는 『도박묵시록 카이지』(이하 『카이지』)를 보면서 일종의 경외감을 느꼈다. 나를 포함한 인간들은 대동소이 '인간실격'이라 느꼈던 나에게, 삼류 쓰레기 도박꾼 카이지는 '인간실격'에서 탈출한 상징적 인물이었다.

카이지는 도박판의 각종 사기술을 더 큰 두뇌게임으로 깨부순다. 카이지는 인간을 향한 거대한 증오심과, 그 증오심으로도 사그라뜨리지 못하는 압도적인 연민을 가지고 있다. 이런 성향은 카이지의 거대한 실책인 동시에, 도박판에 빨려 들어가 쓰레기만도 못한 인간들의 구세주가 될 수 있는 근거이기도 할 것이다. 〈타짜〉(2006)에는 없고 『카이지』에는 있는 그 무언가. 살아 날뛰는 생동감이다.

『카이지』의 작가가 〈오징어 게임〉을 두고 표절 다툼을 벌이지 않는 건 당연해 보인다. 『카이지』 정도의 세계관을 창조한 작가라면, 시비 걸 가치를 느끼지 못했으리라. 세계는 〈오징어 게임〉에 열광했지만, 누군가는 『카이지』의 천재성을 두고두고 신봉할 테니. 승부라는 것도 이렇듯 다층적으로 이뤄지는 게 아닐까. 돈과 명성은 〈오징어 게임〉이 가졌을지 모르지만, 『카이지』는 애초에 자본주의 게임에는 관심이 없었을지 모른다. 신이 인간의 차트를 보고 추격 매수 하겠나.

제 무대를 찾지 못한 사람은 과연 무엇으로 살고 있다고 할 수 있을까. 이건 직업의 문제도, 경력이나 봉급의 문제도 아니다. 옳은 자리. 그것이 있다. 프로와 아마추어가 가려진다면, 제자리에 섰을 때뿐이다. 자기가 서 있는 곳에서 프로가 되려는 건 번지수를 잘못 짚은 것이다. 제 자리를 제대로 찾았을 때, 비로소 프로가 될 필요조건이 충족될 뿐이다. 그래서 내가 계속 아마추어였던 것이다.

에필로그_가장 보통의 존재

부러워 죽겠다는 감정. 혹시 그게 나의 꿈일까.

어려서부터 꿈이 많았다. 초등학생 때 장래 희망을 발표할 때 20대에는 뭐고 30대에는 뭐 40대에는 뭐 이런 식으로 60대까지 이야기했다. 다른 건 기억이 잘 안 나는데, 60대에는 선생님이었다. 어린 나이에 그 정도 연륜이면 아이들을 가르칠 자격이 될 거라 생각했던 것 같다. 당시 담임 선생님이 엄청나게 화를 낸 기억도 난다. 선생님이란 직업을 60대에 배치했기 때문일까. 아직도 분노 포인트를 잘 모르겠다.

항목은 계속 바뀔지언정 내가 여러 직업을 동시에 꿈꾸는 사람임은 변한 적이 없다. 영원한 퇴사를 이룬 지금도 하려는 게 너무 많다. 창업도 해 보고 싶고 창당도 해 볼까 싶었다. 그런데 나를 직업 그 자체로 두근거리게 하는 건 단 하나뿐이다. 작가. 내가 쓴 시나리오가 영화가 된다면……. 그렇게 언제부터인가 60대 꿈 자리는 시나리오 작가가 차지했다(선생님은 80대로 밀려났다). 일생의 역작 딱 하나만 쓸 수 있다면……. 이 소망은 삐뚤빼뚤 흔들리며 가는 커리어 여정의 모든 지점에서 중심축이 되었다.

표창원 의원실에 들어간 것도 나름의 전략이었다. 내 커리어가 국회에서 러브콜이 올 정도라면, 기왕이면 내가 원하는 의원과 일해 보고 싶었다. 프로파일러 곁에서 일하면 여러 사건을 다각도에서 접근하는 능력이 쌓일 것만 같았다. 사실 기자 때보다 시야가 넓어지진 않았다. 다각도로 각도기를 댈 만큼 여유도 없었다.

그러다 의원실에서 해고되고, 운명처럼 한예종 시나리오 수업을 듣게 됐다. 친구의 페이스북에서 한예종 시나리오반 일반인 모집 공고를 보고 심장이 뛰었다. 이렇게 운명이 오는구나! 그때는 정말이지 일반인 대상 교양 강좌 하나를 신청하고는 천국을 맛봤다. 그리고 그 과정에서 나의 장편 시나리오를 끌고 갈 운명적인 한 장면을 떠올리게 된다. 미친 듯이 장면들을 따라 시놉시스를 적었다. 당시 교수님은 나의 시놉시스를 보고 좀 무서운 사람이라고 생각하신 것 같았다. 서사는 빈약한데 피 칠갑 장면들로 도배되어 있으니 그럴 만했다. 일종의 광기였다. 교수님은 시나리오를 정말 써

낼 수 있는지 자질이 검증되어야 한다며 시나리오 학원을 권하셨다. 그 말에 없는 살림을 털어 충무로로 달려가 영상전문원에서 시나리오 초급 및 전문반 수업을 들었다. 임신과 출산 기간이었다. 첫 해고 이후 기나긴 공백기는 우리 아이 선준이와 시나리오 수업이 다 채웠다고 할 만하다. 『저니』의 모든 초석은 암울한 공백기에 다져졌다.

"저에게는 꿈이 있습니다." 뭐 그런 거창한 정도는 아니지만, 죽을 때 내 이름 옆에 감히 붙이고 싶은 단어는 '작가'뿐이다. 기자도 싫고 컨설턴트는 더 싫고 비서관은 꿈에서도 싫다. 황보람 작가. 이렇게 불린다면 나는 죽어서도 자부심 있는 시체일 것이다.

사실 혜문 스님을 만났을 때, 진심으로 던진 질문은 단 하나였다. 내가 작가가 될 상인지. 스님은 너무 가볍게 고개를 저었다. 그냥 정치하러 가라고 했다. 나조차도 내가 정치판에서 그나마 유용한 인간인 것 같다는 생각을 지울 수 없어 여의도를 재차 어슬렁거렸던 것이다. 사실 정치는 생각만 해도 진저리가 난다. 정치하는 인간들 속성 자체가 싫다. 그래도 내가 무엇인가를 해야 한다면, 숙명이라면 따라 보겠다고 망상과 기대 사이에서 미친놈처럼 방황했다. 타인의 말 한마디에, 의미 없는 일에 너무 많은 지분을 준 것 아닐까 하는 의구심이 사그라들지 않았다.

글을 쓰고 있을 때는 마음이 다르다. 천하의 '망작'이라도 뭔가 이뤘다는 느낌이 든다. 「캣맘 순애」가 오랜만에 뼛속 깊이 잠자던 세포를 깨웠다.

오랜만에 대학 선배들을 만난 자리였다. 한 선배는 드라마 제작사 부사장이 됐다. PD라는 한길을 파 온 선배가 자신의 자리에서 성취한 것을 보니 눈물이 났다. 진심으로 멋있다는 생각이 들었다. 승진을 축하하는 의미로 '디렉터스 컷'이라는 와인 한 병을 선물하고, 내가 공역한 『리더십 캠페인』을 들이밀었다. 일종의 뇌물이었다.

선배는 내가 뭘 하고 있는지 궁금해했다. 주변 사람들은 내가 '뭘' 하는지 그렇게 궁금해한다. 여하튼 나는 아무것도 손에 든 게 없었고, 드라마 제작사 부사장이 묻는 말에는 제대로 답해야만 할 운명이었다. 기회다.

"저는 죽을 때는 작가로 죽고 싶어요."

되고 싶은 게 많기도 많았지만 죽을 때는 작가로 죽고 싶다. 인생의 중간 여정은 정말 모르겠는데 죽을 때는 정말 작가로 죽고 싶다. '작가'라는 이름만큼은 꼭 갖고 싶은 내 생애 '은전 한 닢'이다.

노잣돈으로 아직 은전 한 닢이 남아 있다는 걸 알아차린 때는 마지막 직장 출근 첫날이었다. 당시 나는 나름 고르고 고민해서 간 직장에서마저 제대로 숨도 못 쉬는 자신을 발견하고 너무도 당황하고 있었다. 숨 쉬는 법을 잊은 건 오영환 의원실에서 알력 다툼을 하는 인간들 중간에 끼어 압사 직전으로 치달은 이후 처음이었다. 비참한 마음에 현실 도피성으로 드라마 〈유미의 세포들〉(2021~2022)을 정주행하다가 불현듯 마음속 은전 한 닢이 '반짝' 신호를 보낸 것이다.

유미는 그저 평범한 사람이다. 비범한 것이라고는 찾을 수 없다. 성격도 평범, 재능도 평범. 그런 유미가 부러워 나 자신이 비참해질 지경이라니. 돌이켜 보면 나도 꽤 괜찮은 삶을 산 거 아닌가? 유미 정도를 부러워할 만한 별 볼 일 없는 인생을 살고 있는 건 아니지 않나. 가져 본 명함만 몇 장인데. 유미 정도로?

유미는 오래 다니던 회사를 관두고 본격 작가의 길로 들어선다. 작가가 된 것도 아니다. 그저 작가가 되려고 하던 일을 관둔다. 재능의 실마리를 발견한 것도 아니다. 그냥 남자친구가 "글 쓰는 재능이 있다"고 북돋아 준 정도다. 그 정도 힘으로 유미는 감히 작가가 되려 한다.

〈유미의 세포들〉을 보면서 며칠을 꺽꺽 울었다. 드라마 속 인물이 너무 부러워서 눈물이 다 났다. 비단 유미가 작가로 성공해서는 아닐 거다. 그저 유미라는 인물이 묵묵하게 자기 길을 걷고 있다는 사실이 묵직하게 가슴에 맺혔다. 원작인 웹툰 작가가 하고 싶은 말도 들리는 듯했다. "이게 사는 거지." 작가는 자신의 분신이라고도 할 수 있는 유미에게 세상에서 가장 큰 사랑을 줬다. 생명력.

소명이니 사명이니 그런 걸 왜 알려고 했을까. 나는 그저 내가 설레는 일을 선택하면 그만이었다. 나를 살아 있게 하는 것.

결국 나는 인정할 수밖에 없다. 내가 사랑한 '평범'이나 '보통'이라는 단어는 나를 숨기기 위한 위장이었음을. 평범과 보통을 노래하는 사람은 실상, 평범과 보통을 거부하거나 비범과 남다름을 추구하다 끝내 좌절된 사람이다. 루시드폴의 〈평범한 사람〉(2009)이나 언니네 이발관의 〈가장 보통의 존재〉(2008) 같은 음악에서 내가 느끼는 비애도 그런 것이다. 나는 보통의 평범한 사람일 뿐일까 하는 비극적 질문, 그리고 그로부터의 좌절감을 숨기는 위장.

그래서 '유미는 평범한 사람이다'라는 평가는 사실은 '나는 평범한 사람이다. 유미처럼, 작가가 될 수 있는'이라는 말로 풀어 써야 마땅하다.

2023년을 시 분야 신춘문예 응모 결과로 시작했다. 5년 전 생명을 다한 줄로 알았던 단편 시나리오 「캣맘 순애」를 8고까지 수정해 PD 선배 회사로 보내기도 했다. 지금은 이렇게 『저니』를 쓰고 있고. 신춘문예도, 시나리오도 합격을 받지는 못했다. 그래도 올해 시도한 프로젝트 중에 가장 만족스러웠던 건 「캣맘 순애」를 뜯어고치느라 보낸 시간들이었다.

한 자 한 자 쓸 때마다 성장판이 건드려지는 기분 좋은 자극을 느끼며, 평생 쓰고 싶다고 간절히 생각했다. 혜문 스님이 고개를 가로저어도, 모든 원고가 퇴짜를 맞아도.

지독히도 나는 나를 답습한다. 인생에는 외통수가 있다. 외통수로 기꺼이 내맡긴 삶에 아무런 후회도 없기를. 오늘도 나는 내가 되기 위해 이토록 고군분투하고 있다.

기자 이후, 사람 이면

A의 부고를 전한 것이 그였다. "짧은 시간이었지만, 더럽고 좁은 경찰서 기자실에서 함께 고생했던 친구"[지다율, 「우리가 흐르던 자리에서」(박정환, 『박정환의 현장: 다시, 주사위를 던지며』, 출판공동체 편앎, 2022, 162쪽)]에 대한 '마지막' 뉴스를, 나는 황보람 기자에게서 들었다. 스치듯 안녕, 할 수도 있을 만큼 짧게 본 사이였지만, 그로부터 2년 가까이 시간이 흘렀는데도 잊지 않고 소식을 전해준 게, 그 와중에, 고마웠던 것도 같다. 그리고 A의 빈소에 가는 길, 수습기자 시절에도 당찼던 황보람의 모습을 오랜만에 떠올렸다(물론 그는 스스로를 다르게 기억할지도, 아니 떠올리기조차 싫을지도 모르

겠지만).

그 후, 그의 소식을 드문드문 들었다. 기자를 그만두고 국회의원 비서관이 되었다는 소식을 들었을 때는, 축하하면서도 내심 안타까웠던 것도 같다. 물론 나는 기자로서의 그의 역량이나 평판을 제대로 알진 못하지만, 어쩐지 아쉬웠다. 그가 더 이상 가지 않기로 한 길에, 내가 간절히 가고 싶었던 길을 아주 잠깐 겹쳐 보았는지도 모르겠다.

아무튼, (본문에서도 나오지만) 그는 숱한 여행을 거친 저니맨이다. 모종의 사건으로 의원실을 나온 뒤에도 멈추지 않고 많은 도전을 펼쳤다. 창업을 고심해 보기도 하고 창당을 도모해 보기도 했다. 그리고, '직업 그 자체로 자신을 두근거리게 하는 단 하나의 꿈' 시나리오 작가에 도전하기도 했다. 아직 이렇다 할 성과는 없지만, 그는 계속 도전 중이다.

요컨대, 황보람은 언제나 여행 중이(었)다. 한번은 정말 우연히 전철에서 만난 적이 있는데, 내 기억이 맞는다면 그가 먼저 나를 알아보았다. 통화 중인 내 목소리, 그리고 내 (경박한) 웃음소리를 듣고 나를 알아챘다는 것이다. 정말 아주 오래간만에, 그것도 아주 우연히 만난 것이라 우리는 잠시 전철에서 내려 근황을 주고받았던 것도 같다. 그때 그는 과외를 마치고 집으로 돌아가는 길이었다던가. 그런데, 나는 그 당시 무엇을 하고 있었지? 돌이켜 보니 그는 언제나 정주하지 않았고, 나도 물론 그랬을 테지만, 그 순간에 나는 그에게 어떤 자극을 받았던 것도 같다.

그래서 몇 년 후, 특강을 제안했다.

내가 운영하는 작은 공간 '오도카니'에서 '기자, 이후'라는 제목의 특강 시리즈를 기획한 적이 있다. 기자를 지망하는 젊은이들의 고민도 들어 보고, 가능하다면 조언도 해 주는 자리가 되었으면 했다. 기자도 좋지만 너무 기자만 바라보지는 말고, 그 너머를 생각하며 준비하면 좋겠다는 취지였다. 두 명의 강사를 섭외했고 그중 한 명이 황보람이었다.

황보람의 특강 제목은 '저니맨, 끝없는 여정'이었다. '저니맨'이란 무엇인지('저니맨'이라는 말을 나는 그때 그에게 처음 들었고, 그 말이 그에게 퍽 잘 어울린다고 생각했다), 기자 이후에도 어떤 가능성과 기회가 있을 수 있는지 등을 그는 자신의 경험과 생각을 녹여 거침없이 쏟아 냈다. 그러다 무엇 때문인지 문득 나에게 물었다. *너는 왜 그리 삶을 버거워하지.* 질문에 놀랐을까, 아니면 질문이 불시에 들어와서 놀랐을까. 아무튼 나는 당황하여 답을 하지 못했고, 특강을 들으러 온 한 학생이 나에게 말했다. *철학 치료를 받아 보세요.*

사담이지만(물론, 나의 다른 말이 공담이었던 것은 아니다), 그때 나는 씁쓸한, 어떤 모욕 같은 것을 느꼈다. 그 말을 한 사람은 철학과 대학생 2학년이었는데, 나는 그 말이 그가 다니는 학교의 학풍인지 아니면 요새 유행하는 철학 사조인지 그도 아니면 그 또래만이 가질 수 있는 어떤 치기인지 알 수 없었다. 그저 나는 속으로, 아 학생은 생이 별로 버겁지 않은가 보군요, 그게 바로 철학으로 치료받은 덕분인가 보군요, 적어도 당신의 나이만큼의 세월 동안 내가 공부했던 철학 언저리의 것들은 모두 무용지물이었나 보군요, 역시나, 역시나, 하고 말았던 것이다.

그리고 나는 황보람의 다음 여정이 궁금했다.

이 책은 그렇게, 또 이렇게 나왔다. 어떻게 나왔는지는 독자들께서 각각, 직접 판단해 주실 일이지만, 〈우리의 자리〉에서 중요하게 다루고 싶었던 저널리즘과는 다소 동떨어진 내용이 많다는 점은 인정해야겠다. 다만 저널리즘 역시 사람이 만들어 가는 것이고, 기자의 이전과 이후 그리고 이면에도 역시 늘 사람이 있다는 사실을 기억한다면, 앞으로 〈우리의 자리〉가 더욱 확장할 수 있을 것이라 나는 믿는다. 이 책이 현직 기자가 아니라 전직 기자의 현재진행

형인 삶으로 꾸려진 것은 바로 그래서이다. 언젠기, 장차 기자가 될 사람의 이야기도 충분히 〈우리의 자리〉가 될 수 있을 것이다.

덧붙여, '저니'가 자꾸 '전희'로도 읽혔음을 고백해야겠다(그래서 황보람에게 제목으로 제안했으나, 결국 채택되지 않았다). 다소 불경할 수도 있으나 여행은, 또 다른/다음 여행 이전의 준비 과정이자 그 자체로도 기뻐야 한다는 생각이었다. 물론, 나 역시 이를 잘 실천하지는 못하지만, 남의 여행은 제발 그러하기를 바란다. 저니맨 황보람은 충분히 그럴 수 있으리라 믿는다. 영원한 퇴사를 축하하며, 그토록 원하는 작가가 되기를, 응원한다.

이제는 부를 수 없는 잃음들을 생각하며,

여전히 제자리와 제 자리도 구별하지 못한 채/체,

지다율 흐름

저자 **황보람**

한때 기자, 국회 보좌진, 컨설턴트였다. 광화문과 여의도를 오가며 찍어 낸 명함만 12종인데 그 어떤 명함에도 끝내 정을 붙이지 못했다. 방황한 듯해도 그다지 낭비는 없었다고 믿는다. 현재『비베카난다의 요가수트라』를 읽고 있다.

편집자 **지다율**

오랫동안 '시 쓰는 기자'가 되고 싶었으나, 끝내 시도 기사도 쓰지 못했다. 지금은 출판공동체 편않에서 책을 만들며 저널리즘 스쿨 오도카니를 운영하고 있다. 언제부턴가, 여름마다『죽음의 한 연구』를 읽는다. 언제쯤, 우리는『자본』을 통과(痛過)할 수 있을까.

디자이너 **기경란**

어쩌다 보니 북디자이너가 됐다. 출판공동체 편않에서 디자인을 맡고 있고 또 어딘가에서 북디자인을 하고 있다. 박경리 대하소설『토지』를 N번째 읽고 있다.

언론·출판인 에세이 시리즈 〈우리의 자리〉는

언론·출판 종사자가 각각 자신의 철학이나 경험, 지식, 제언 등을 이야기해 보자는 기획입니다. 언제부턴가 '기레기'라는 오명이 자연스러워진 언론인들, 그리고 이른바 '사양길'을 사양하지 않고 묵묵히 걷는 출판인들 스스로의 이야기가 우리 사회의 저널리즘과 출판정신에 어떻게 기여할 수 있을지 계속 고민해 보려고 합니다.

출간 목록

『박정환의 현장: 다시, 주사위를 던지며』

『손정빈의 환영: 영화관을 나서며』

『고기자의 정체: 쓰며 그리며 달리며』

『믿기자의 고심: 기자는 많고, 언론은?』

『황보람의 저니: 영원한 퇴사』